미국땅 어디까지 밟아 봤니?

미국땅 어디까지 밟아 봤니?

초판 1쇄 발행 2023년 08월 26일

지은이_ AJ Lennon
펴낸이_ 김동명
펴낸곳_ 도서출판 창조와 지식
디자인_ (주)북모아
인쇄처_ (주)북모아

출판등록번호_ 제2018-000027호
주소_ 서울특별시 강북구 덕릉로 144
전화_ 1644-1814
팩스_ 02-2275-8577

ISBN 979-11-6003-635-0(13940)

정가 18,000원

프롤로그

미국에서 20여 년 넘게 산 나는 한국인이다. 미국인 남편과 결혼해 두 딸들을 데리고 20여 년 정착한 캘리포니아주 엘에이의 삶을 과감히 접고, 여행을 하며 두 아이는 홈스쿨링으로 교육을 하면서 미국 50개 주중에 현재 43개 주를 일주 했고 앞으로도 노마드 라이프를 계속 진행해 나아갈 것이다. 아이들은 홈스쿨링으로 자기 관리를 스스로 하면서 잘 적응해 그전에 캘리포니아주 공립 학교 다닐 때 보다 훨씬 효율적으로 시간을 활용해서 그런지 성적도 훨씬 좋아졌고 일단은 건강한 정신과 사랑을 베풀 줄 아는 아이들로 잘 자라주고 여행하면서 직접 보고 느끼고 배우면서 이젠 어엿한 숙녀가 되어가고 있다.

여행과 모험을 펼치면서 우리 가족은 노마드 라이프를 살아가고 있다.

Part 1. 노마드 라이프의 시작

10월의 마지막 밤…

　　2020년 10월의 마지막 날인 할로윈 데이다. 이번 할로윈은 그냥 조용히 집에서 보내게 된다. 팬데믹으로 모든게 셧다운 되어 미국의 할로윈 데이가 조용하고 엄숙하게 지나는 밤이다.

　　미국인 남편 롸볏과 한국인 아내 에이제이. 우리 부부는 결혼한 지 16년 차가 되었고 13세와 15세의 두 딸을 둔 국제결혼 커플이다.

　　남편이 심각한 얼굴로 조용히 막내딸 아이의 핸드폰을 내게 내민다.

　　오늘 막내딸 케이시의 친구 로렌이 의미심장한 메세지를 마지막으로 보낸 후 연락이 두절되었다.

　　'나만 없어지면 우리 가족은 행복해, 아무도 날 사랑하지 않아….'

　　라는 메세지가 로렌이 케이시에게 보낸 마지막 메세지다!

　　우리 딸아이는 그 문자를 보고 무섭고 놀라서 전화도 해보고 메세지를 계속 보냈는데 어떠한 답장도 없었다.

"아빠, 내 친구가 얼마 전부터 죽고 싶다란 말을 자주 했는데 오늘 이런 문자가 왔어"

"뭐? 그게 무슨 말이야? 로렌 엄마 전화번호로 당장 전화해보자"

남편은 로렌의 엄마 핸드폰으로 전화를 했다. 전화번호가 바뀌었는지 이 번호는 사용 중지된 번호라는 메세지가 흘러나온다.

"아빠, 나 무서워요! 빨리 경찰서에 신고해줘요"

막내딸은 겁에 질린 상태로 울먹이며 다른 친구들에게도 전화를 해서 로렌과 마지막으로 통화 한 사람이 있는지 묻고 있다.

남편은 우선 팬데믹 시기로 학교가 문을 닫아서 학교 선생님에게 전화를 걸려 해도 개인 번호는 몰라서 난감했다. 겨우 13살짜리가 자살을 암시하는 메세지를 남기고 연락 두절 되었다는 걸 누구에게 어떻게 도움을 청하고 알아봐야 할지…

팬데믹 시기에 자살률이 급격히 늘어나고 우울증 호소하는 사람도 늘고 가정의 불화로 폭력 또는 학대까지 급증해 문제가 심각해지고 있다.

로렌은 싱글 맘과 단둘이 살다가 얼마 전 엄마가 새아버지를 만나 살림을 합쳤고 스텝 동생이 태어나서 주로 베이비를 돌보는 중이였다. 13살 차이 나는 남동생을 돌보는 게 로렌에게 주어진 임무였다.

그런 사정 정도는 막내 케이시에게 로렌의 가족들 얘기를 들어서 알고는 있었지만 코비드 시기에 만날 기회도 없고 학교도 안 나가니 더군다나 전화번호조차 모르는데 어떻게 경찰서에 신고를 하나…고민이다.

남편은 울고불고 슬퍼하는 막내딸을 데리고 일단 로렌이 살았던 집 근처 경찰서로 갔다. 신고를 하려고 하니, 로렌의 집 주소는 이미 다른 곳으로 이사를 해서 그 동네도 아니고 자기 관할이 아니라서 경찰들도 도움을 줄 수가 없다고 한다.

그것도 그럴 것이 코비드로 셧다운 된 학교에서 정보를 빼 올 수도 없고 로렌 엄마가 새아빠랑 결혼해 이사 간 집이 어딘지 새 주소도 모르고 전화번호조차 모르니 도와줄 수 없는 게 당연하다.

문 닫친 학교에도 가 보고 우리 동네 근처 경찰서에도 가서 할 수 있는 노력을 해봐도 로렌에 대한 정확한 정보가 없어서 신고조차 못하는 상황에 울다 지친 케이시를 달래서 집으로 데리고 왔다.

집에 돌아온 남편은 참잡한 심정으로 나에게 딸아이와 로렌이 주고받은 문자 메세지를 보여주며 심각한 대화를 나누게 되었다.

날이 밝으면 학교에 전화를 해서라도 담임 선생님의 연락처를 알아보고 학교에도 알려 도움을 청해 보기로 했다.

로렌의 마지막 메세지로 케이시는 울고불고 정신적으로 고통받고 불안해하고 있다. 우리 모두 로렌에게 제발 아무 일 일어나지 않기를 간절히 기도하는 수밖에 없었다.

"여보세요? 선생님? 로렌의 부모 연락처를 아세요?"

다음날 남편과 나는 학교로 연락을 해서 담임 선생님의 연락처를 받았다. 담임 선생님도 예전 번호밖에 없어 연결이 안 된다. 아마도 새로 바뀐 번호를 학교 측에 업데이트를 하지 않은 것 같다.

"로렌의 부모님 연락처를 다른 반 아이들에게도 물어서 도움을 청할 테니 기다려 보시죠" 선생님이 백방으로 연락해 보시고 우리에게

11

알려 주시겠다 하니 기다려 보는 수밖에…

초조하게 기다리니 담임 선생님과 반 아이들의 노력으로 연락이 닿았고 로렌의 가족의 소식을 전해 들었다.

로렌이 핸드폰만 보느라 동생 돌보기를 소홀히 해서 부모로부터 핸드폰을 빼앗겼고 그 후 메세지를 확인할 방법이 없었다고 한다. 정말 웃픈일이다. 케이시에겐 로렌과 소식이 끊긴 하루가 악몽 같았고 우리 부부에게도 슬퍼하는 케이시를 보는 게 고통스러웠다.

위기를 기회로 바꿔 봐

　우리 부부는 깊은 생각에 잠겼다. 우리 가족은 팬데믹 시기가 닥치기 전 한 1년 정도 가족 모두가 상담을 받았다. 아동 성추행 피해자 치료 회복을 위해 테라피를 받았다. 2018년 9월부터 2019년 10월까지 1년간 꾸준히 상담을 받고 트라우마를 극복하고 있던 중 불과 3-4개월 후에 코로나 바이러스로 인한 팬데믹 시기 (2020년 3월)를 겪게 된 거다.

　2018년 9월 내 생일날 두 딸아이를 베이비시터에게 맡기고 우리 부부는 외출을 했다. 그때 우리 막내딸이 11살이라 법적으로 미성년자에 대한 성추행으로 베이비시터는 경찰에 넘겨져 체포되었고 감옥에 갇혔다. 미국은 아동 성폭력 피해자에 대한 치료 및 지원 제도가 잘 발달 되어 있고 아동 성범죄자의 처벌 및 피해자 보호 및 예방에 적극적인 편이다.

　가족 전체가 일주일에 두 번씩 일 년 동안 테라피를 받았다. 특히 막내딸은 그때 그 사고로부터 끔찍한 기억이 언제까지 계속될지 후

유증으로 고통받으면 어쩌나 우리 부모들은 항상 마음을 쓰며 몹시 애를 태웠다. 그리고 동생보다 두 살 위인 언니 케일라도 자기 동생을 잘 지켜주지 못했다는 죄책감에 고통받고 슬퍼했다.

우리 가족은 현재 2023년, 2년 반 이상 미국 전 지역을 돌아다니며 여행과 모험을 통해 많은 걸 경험하고 배우면서 우리 가족들은 아픔이 자연스레 치유되고 있다. 거의 회복된 거 같다.

가족 관계도 더 탄탄해지고 우리 딸아이들도 비타민같이 상큼하고 성격도 밝아졌고 남을 배려하는 착한 소녀들로 성장 중이다.

위기를 극복하고 팬데믹이라는 시기를 기회로 삼아 가족들 간의 상처를 회복하고 사랑으로 이겨내 보려고 엘에이를 떠나기로 한 결심은 신의 한 수라 생각한다.

캘리포니아주를 떠나 플로리다주에 사시는 남편의 친어머니와 친형이 살고 있는 베로 비치로 이주를 하고 싶다고 생각하던 차였다. 두 딸들에게도 친할머니가 많이 그리웠던 터라 가까운 거리에서 사는 게 어떨까? 라고 말했을 때 다들 좋다고 긍정적인 생각이었다. 나와 남편은 베이비시터로 어느 누구도 믿지 못하게 되었는데 얘들 친할머니가 가까이 계시면 믿고 맡길 수 있으니까 마음이 움직였다.

남편과 나는 팬데믹 시기가 시작되고 말도 안 되는 넌센스의 시대에 그저 갑갑하게 손발이 묶인 채 그저 기다리는 것만 하는 이 시대를 받아들이기가 힘들다.

"자기야, 난 미국은 엘에이와 뉴욕, 그리고 큰 도시 몇 군데 밖에 안가 봤어. 우리 플로리다까지 미국 대륙 횡단 여행해 볼래?" 내가 남편에게 제안했다.

"요즘은 여행 제한도 심하고 비행기 타기도 까다롭고 호텔 예약도 힘든데, 캠핑카 한 대 장만해서 여행 다니며 미국 대륙 횡단 여행해 볼까? 그럼?"

남편도 같은 생각을 했다는 듯이 대답은 곧바로 예스! 였다.

이런 제안은 내가 먼저 얘기했지만 남편의 오랜 꿈이었고 남자들이라면 한 번씩 꿈꾸는 로망이다. 미국인들의 로망이 대부분이 은퇴한 후 캠핑카를 타고 대륙을 횡단하는 게 버킷 리스트라고들 한다.

아직 우리는 은퇴를 한 게 아니니 이동하면서도 일을 해야 한다.

그것은 문제가 아닌 것이 남편은 이미 온라인 마케터로 일을 하고 있었던 차라 노마드 라이프 하기에 적합하다.

나도 영상 편집과 글 쓰는 일을 할 수 있으니까 디지털 노마드 삶이 가능하다.

아이들도 어차피 온라인 수업을 하니까 여행하면서 홈스쿨링 하면 된다.

일단 팬데믹이 끝나 세상이 정상적으로 되돌아갈 때까지 미국 어디에 정착하기보다는 이동하며 시공간의 제약을 받지 않고 자유롭게 사는 사람처럼 노마드 라이프를 살고 싶었다. 우리 부부는 역시 천생연분이다. 척척 호흡이 잘 맞아떨어진다.

더 나이 들어 캠핑카로 이런 여행하며 사는 삶은 힘겨울 수 있으나 한살이라도 더 적을 때, 아이들이 부모들 품 안에 머물 때 하는 게 맞다.

위기를 기회로 바꾸는 용기는 마음먹은 그날이다.

10월의 마지막 밤… ”떠나자! 캘리포니아를!”내 머릿속엔 한국 노래 '잊혀진 계절'의 노래 가사가 맴돈다… 지금도 기억하고 있어요…10월의 마지막 밤을… 뜻 모를 이야기만 남긴 채~…우리는 헤어졌어요…

우리 부부는 그날을 잊을 수가 없다.

캘리포니아와 헤어질 결심을 한 10월의 마지막 밤! 떠날 용기를 냈다.

가둘 수 없는 너

    나는 미국 온 지 20년이 조금 넘게 주로 캘리포니아주 엘에이에서
제2의 삶을 여기서 살았다.

    LA (Los Angeles) 는 천사의 땅이라고 불리는 정말 아름다운 도
시이다.

    내가 살았던 엘에이는 날씨가 건조하고 대체적으로 맑은 날씨의
연속으로 여름에도 태양은 강렬하지만 건물이나 나무 밑에 있으면

공기는 차갑기 때문에 금방 시원해지며, 겨울에는 아주 드물게 겨울 비만 올 정도다.

겨울에도 한국의 가을 날씨 정도라 생각하면 되듯이 쾌적하다.

보통 비슷한 날씨가 지속되고 낮에는 반팔을 입고 다니다 가도 일교차가 심한 밤에는 차가운 공기를 느껴 두꺼운 재킷을 입어야 한다. 로스앤젤레스가 천사의 땅! 이란 이름답게, 날씨 하나는 끝짱 나게 맘에 들어서 나의 제2의 고향에서 20여 년을 살았다 해도 과언이 아니다.

나는 한국에서 연극을 전공하고 뮤지컬 배우로 내가 하고 싶은 거다 하면서 살다가 돌연 1998년 유학을 결심하고 미국으로 건너갔다.

그 당시 한국은 IMF 금융 위기를 겪던 때라 부모님께 손 벌리는 게 죄송한 마음이어서 공연하며 모아둔 나의 전 재산 2백만 원을 들고 한국을 떠났다.

나의 20대는 무대 위의 화려한 삶을 원하는 만큼 펼치고 어느 정도의 나이가 되면 내가 동경해 오던 여유롭고 자유로운 영혼처럼 여행을 하며 살고 싶다는 생각을 늘 하며 살았다.

내 어머니가 절에 다니셨을 때 스님이 내 관상이나 사주팔자를 보면 태평양 바다 건너 멀리 떨어져서 늘 어머니 품을 떠나 살 팔자라고 그러신다. 유명한 점쟁이도 같은 말을 했다 하실 정도이니 나는 아마도 한국을 떠나 태평양 건너 다른 나라에서 살 팔자였나 보다.

바둥바둥 거리며 경쟁을 거듭하며 사는 것보다 많은 걸 가지지 않아도 자연을 벗 삼아 작은 것에도 감사해 하는 소소한 일상을 살고 싶었다. 그리고 나이가 더 들기 전에 새로운 것을 배우고 도전하고 싶었고 그동안 살아온 길이 아닌 다른 삶을 살아 보고 싶었다.

태평양 건너와 처음 내가 서 있던 산타모니카의 해변의 첫인상이 너무 강렬했다. 엘에이 공항 도착한 날 아침에 산타모니카로 택시를 타고 가서 해변 주변 호텔에서 일주일간 머물 계획이었다. 시차도 적응하고 앞으로 살집을 알아보기 전에 산타모니카 '베니스 비치 케피탈 호텔'에서 일주일 지내면서 빈둥빈둥 놀며 지냈다. 그동안 공연하며 고갈된 나의 몸과 마음을 달래 주고 인생 리셋을 하기 위해 바닷가에서 여유롭고 평화로움을 만끽하고 싶었기 때문이다.

해변가에 누워서 하루 종일 사람들 구경하는데 그야말로 내가 꿈꿔왔던 풍경이다. 마실 물만 가지고 하루 종일 햇빛에 취해 따듯한 모래 위에 앉은 내 모습은 그 어느 때보다도 평화롭고 가슴 벅차고 희망의 콧노래가 저절로 나왔다. '그래! 앞으로 내가 살 곳은 여기다!'

미국에서 운 좋게 피트니스 강사 자격증을 따고 스포츠 클럽에서 강사로 취직이 되어 취업 비자까지 얻었다. 시간 쪼개어 커뮤니티 칼리지에 다니며 일과 공부를 하며 두 마리 토끼를 다 잡으려 노력했다. 일단 미국에서 내가 원하는 삶을 살 수 있으려면 어느 정도 밥벌이와 영어 공부는 해야 했기에 그때까지는 최선을 다해야 했다. 그렇게 열심히 살다가 지금의 남편을 직장 동료의 소개로 만나다 1년 연애 끝에 결혼까지 해서 우리 부부는 예쁜 두 딸을 자녀로 두었다.

미국인 남편 롸벗은 태권도 5단, 합기도 2단, 무술 유단자이다.

아로마 스파 & 스포츠 센터에 제너럴 매니저로 스카웃 제의를 받았었는데, 그때 당시 남편이 하고 있던 일이 있어서 친구 패트릭을 대신 소개를 해서 그 친구가 그 스포츠 클럽에 취직이 되었다.

만약 롸벗이 그때 일하기로 마음먹었더라면 내가 일하는 직장에 나의 상사로 취직이 될 뻔했었던 사람이었다.

킥복싱 강사인 패트릭과 스텝 에이로빅 강사였던 나는 같은 직장 동료가 되었고, 패트릭이 나와 남편의 만남을 주선을 했다. 그때 그 소개팅 덕에 남편과 내가 결혼까지 골인 한 셈이다.

남편은 청소년기에 태권도 챔피언을 지냈다. 무술 사범이자 헐리우드 영화에도 단역 출연도 하며 무술 조감독 및 스텝으로도 일을 했었다.

미국 국방 외국어대를 나와 한국어 전공으로 우수 실력으로 졸업을 했다.

남편이 한국말을 너무 잘하니까 많은 사람들이 한국인 아내 때문에 배운 줄 알지만 나와 만나기 훨씬 전부터 한국말을 쓰고 읽기까지 완벽하게 잘했다.

우리는 연애 시절 때 취미가 거의 비슷해 자전거 라이딩, 하이킹, 롤러브레이드를 타거나 짐네스틱 (기계체조) 등등 각종 스포츠를 즐기던 운동 커플이였다.

지금의 우리 두 딸들도 엄마 아빠의 운동 신경을 물려받아서 일까? 운동 신경과 및 감각이 남다르게 타고났다.

15세가 된 케일라와 13세의 케이시⋯ 십 대들이다.

이 시기는 아주 예민하고 중요한 사춘기로 몸과 뇌에서 많은 변화가 일어나는 시기다.

코비드가 가져다준 상황이 내심 이해가 안 가는 우리들!

우리 집은 웨스트 엘에이 (West LA)와, 산타모니카(Santa Monica) 경계쯤에 살았다. 산타모니카 피어 해변에서 우리 집까지 차로 20분쯤 거리라 우리 가족은 산타모니카 해변에서 자전거와 롤러브레이드를 타며 야자수 그늘 밑에서 피크닉을 즐겼다.

세상에!⋯어느 날 갑자기⋯아이들이 학교도 마음대로 갈 수 없고 친구 집이나 집 앞 공원이나 해변가를 나갈 수조차 없다고!!!. 팬데믹 세상 상자에 갇혀 버린 듯하다.

그저 언제 끝날지 모르는 이 시기에 그저 온라인 세상에서 만나는 수업과 친구들이 전부다.

아이들이 컴퓨터 앞에 앉아서 보내는 시간이 거의 하루 종일이 보내는 일과가 된 세상...요즘은 마치 누군가에게 조정 당하는 느낌이 들고 우리를 억압하는 그런 시대가 된 거 같아 어딘가 모르게 답답하고 불안하다.

밝게 뛰어놀고 자유롭게 또래 친구도 만나고 공부도 놀이도 한창인 나이에 온라인 수업과 온라인 게임과 친구와의 화상 통화…

온라인 세상이 전부가 되어 버리는 게 보기 딱할 정도다. 온종일 게임이나 컴퓨터 속 세상에만 빠져 있다 보면 방 안에서 운둔 생활을 하며 감정이 격해지고 갖가지의 복잡한 마음, 돌발적인 행동을 할 수도 있는 시기다.

점점 부모들과 대화조차 하지 않게 될까 봐 두려워졌다.

아이들을 잘 살피고 이해와 바른 대응을 해주는 게 부모의 역할이다.

"케일라, 케이시… 우리 플로리다에 할머니와 삼촌 보러 떠날까? 캘리포니아에서 플로리다까지 차로 전국 여행할까?"

남편이 두 딸들을 거실로 불러 앉혔다.

"엄마는 미국 전체 중에서 뉴욕, 샌프란시스코, 밖에 안 가봤어, 미국의 다른 곳도 가 보고 싶은데?"

나도 한마디 거들었다. 그랬더니 아이들 눈이 커지면서 흥분된 목

소리로 말한다.

"정말? 우리 정말 여행 갈 수 있어요?"

"며칠 동안 여행 가는데요?"

"몇 달이 걸릴지 몇 년이 걸릴지 정하지 말고 여행하면 어떨까?"

" 맞아, 미국 전국을 다 보려면 기간을 정하지 말고 가자. 재밌으면 오랫동안 하고 여행이 지겨워지면 할머니가 사시는 플로리다나, 또는 그때 가봐서 마음이 드는 곳에서 정착하면 어때?"

"진짜?"

"좋아요, 그럼 언제 떠나요?"

"한 달 동안 짐을 싸고 이삿짐은 할머니네로 부치려고"

"그럼, 친구들에게 말해도 돼?"

"당연하지, 친구들에게 우리가 여행한 비디오나 사진을 보내주자. 좋겠지?"

"네, 너무 신나요!" 두 딸들이 신나서 환호성을 지른다.

아… 다행이다. 우리 부부는 아이들의 반응에 안도의 숨이 내쉬어졌다.

미국이나 전 세계가 팬데믹 기간 때에 많은 사람들이 사회적 거리를 두기를 하면서 야외 활동이나 여행을 자제를 하게 했다.

그러나 우리를 어느 누구도 팬데믹 세상 상자 속에 가둘 수 없다!

팬데믹 시기라 해도 우린 여행을 하며 모험을 택한다.

우리 가족은 아웃도어를 사랑하는 사람들이라 주로 산타모니카 해변에서 자전거나 롤러브레이드를 타거나 터메스칼 케년을 하이킹을 즐기며 주로 야외 활동을 하는 가족이다. 태권도 사범이기도 한 남편은 두 딸들에게 어릴 때부터 태권도를 가르쳐서 꾸준히 시켜 왔고 마이짐 태권도 도장에서 빨간 띠까지 땄다. 안타깝게 팬데믹 시기가 닥쳐서 도장에 나 갈 수가 없게 되고 운동을 쉬게 되었다.

다행히도 아빠를 사범님으로 둔 딸들에게는 언제 어디에서나 함께 운동을 할 수 있어서 좋다. 비록 다니던 도장에서 배우지는 않지만 여행을 다니면서도 자연을 도장 삼아 캠핑장의 넓은 잔디가 있는 곳에서 아빠와 딸들은 태권도를 계속하며 훈련을 하고 있다.

여행하면서 혹시라도 위험한 곳을 지나거나 급작스러운 위험에 대처할 능력을 키우기 위해 아이들에게 위험 감지 및 판단하는 능력을 키워 주기 위해서 셀프 디펜스 (호신술)도 훈련한다.

다운사이징과 미니멀 라이프

2020년 11월 한 달 만에 짐 정리를 해서 이삿짐을 쉬핑 컨테이너에 실었다. 팬데믹 코비드 시기라 사람을 고용해 짐을 싸는 게 쉽지 않으니 한 달 동안 정말 미니멀 라이프로 살 중요 짐만 빼고 모조리 버리거나 도네이션 센터에 보내 버렸다. 살면서 제일 필요하고 중요한 몇몇만 정리를 해서 남편의 소형 SUV 차에 작은 유홀 카고를 빌려 매달고 다운사이징 한 짐들만 챙겨 싣고 내 승용차엔 아이들 공부할 책과 옷가지를 싼 짐을 실었다.

캘리포니아주는 미국에서 세 번째로 넓은 주이며 면적만 보더라도 남한 면적의 4.48배로 크다. 캘리포니아주 인구는 약 4천만 명이며 미국에서 가장 사람이 많이 살고 있다.

미국은 주마다 세법 및 세율이 모두 다른데 캘리포니아 주 소득세율이 가장 높은 주로 13.3% (2022년 기준)이다.

미국땅 어디까지 밟아 봤니?

이렇게 세금도 점점 더 비싸지고 부담이 커지니까 다른 주로 이주하는 사람들이 점점 늘어 가고 있다.

(얼마 전 뉴스에서 2023년 7월 기준, 하루에 캘리포니아주를 떠나는 자가 약 300명씩 매일 떠나고 있다고 한다.)

엘에이 연 소득이 7만~9만 달러 미만은 저소득층에 속하고 10만 달러 이상은 중위소득이라 분류를 하는데 우리 가족도 그럭저럭 중산층에 속하지만 점점 높은 세금과 비싼 생활비와 주택 가격, 급진보적인 교육 정책, 그런 데다가 거의 해마다 끊이지 않고 생기는 대형 산불에다 이제는 팬데믹 시기로 경제 침체 등 점점 살기가 힘들어져 가니 대도시를 떠나 살려는 마음이 들었다.

다운사이징을 하는 게 쉬핑 비도 절약될 거 같아서 웬만한 가구는 우리 부부가 신혼 때부터 사용해 왔던 것들이라 기존 낡은 가구들은 전부 다 처분해 버리기로 했다.

아이들이 자라면서 틴에이저가 될 때까지 충분히 사용했기에 다 도네이션 센터에 보냈다. 책상과 서랍, 침대 등은 나중에 좀 더 큰 거로 어차피 새로 바꾸어 주면 되니까 거의 도네이션 하고 나니까 짐이 확 줄었다.

4개의 큰 컨테이너에 이삿짐 모두 싣고 쉬핑으로 시어머니와 남편의 형이 사시는 플로리다주로 보내졌다.

이렇게 우리 가족은 한 달 만에 짐 정리를 끝냈다.

캠핑카 (RV: Recreational Vehicle) 구하기

　미국은 연방 정부라 각 주마다 자기네 주에서 정한 법과 권한을 행사를 하기 때문에 캘리포니아 주의 방침은 아직까지 제한이 많은 편이다.

　캘리포니아주의 도시들은 모든 상점이나 쇼핑몰이 문을 닫았으므로 캠핑카 쇼핑하려면 우선 온라인으로 조사를 많이 했어야 했다. 팜플렛으로 보고 쇼핑을 하니 도저히 감이 안 온다.

　직접 눈으로 보고 크기를 알아야 했기에 예약을 해서라도 직접 보러 다녔다.

　우리는 미국 다른 주에 가서라도 직접 캠핑카를 보고 사리라 마음을 먹었다. 앞으로 4명의 가족이 지낼 공간이기 때문에 직접 눈으로 보고 결정하고 싶었다.

　12월 초에 시아버님과 가까운 지인들에게 전화로 작별 인사를 하고 코비드 세상이 끝나 자유로이 왕래가 가능할 때 찾아뵙겠노라 인사를 나눴다.

일단, 네바다주 라스베가스로 떠났다.

라스베가스의 호텔 객실은 몇 층만 오픈해 영업을 했다. 카지노는 문을 닫았지만 쇼핑몰들은 영업을 한다. 마스크를 착용하고 인원 제안하면서 상점 안으로 들어가는 게 가능했다.

캘리포니아주는 어림도 없었던 시기에 네바다주 라스베가스는 그야말로 쇼핑 천국이다. 쇼핑몰에 가서 필요한 한 것들도 사고 음식도 테이크 아웃해서 개방해 놓은 야외 테이블을 앉아서 오랜만에 식당 음식도 먹었다.

우리가 살았던 곳에선 할 수 없는 것들이 다른 주에서 가능하다는 게 아이들도 나도 신기하기만 했다.

메인 뉴스 채널에서 팬데믹이라 미국 전체가 모든 경제 활동이 중단됐다는 뉴스만 들려왔는데⋯

이때 내가 느낀 것! 은⋯ 미국의 메인 언론사들 뉴스에서는 진실을 그대로 전달을 하지 않고 사람들의 눈과 귀를 현혹시켜 과장되고 겁만 주는 뉴스들로⋯거짓 뉴스들이 흘러나온다는 것을 깨달았다.

물론 인원 제안해서 상점 안에 어느 정도 사람이 몰리면 그 사람이 빠져나간 후 상점에 들어가게 끔해서 한꺼번에 몰리는 현상을 막기는 했다 만⋯ 그래도 식당도 갈수 있고 쇼핑도 할 수 있다는 점에서 숨통이 트였다.

풀타임 알비 리빙 (Full-Time RV Living) 의 시작

라스베가스에 캠핑 월드 딜러쉽은 그래도 영업을 하고 캠핑카 내부도 직접 볼 수 있다고 해서 일단 라스베가스에서 머물면서 우리의 보금자리가 될 캠핑카를 먼저 구입하기로 했다.

가까운 지인이 집의 게스트 하우스를 빌려주셔서 거기서 캠핑카를 구할 때까지 지내기로 했다.

미국이나 전 세계가 팬데믹 기간 때 야외 활동이나 여행을 자제를 하게 했다.

아이러니하게도 미국에서는 팬데믹 기간에 캠핑카 수요가 급등을 했다는 것이다. 사람들 심리가 다 비슷한 가 보다. 하지 못하게 하면 괜히… 더욱 하고 싶게 만드는 게 아닐까?

호텔이나 여행지를 가는 게 까다로우니까 가족 단위로 캠핑카를 구해서 산이나 바닷가로 여행을 떠나는 사람들이 늘었다. 아마도 정신적 건강이나 신체적 건강을 위해서는 햇볕을 쬐고 신선한 공기를 마시며 살아야 건강하다는 걸 너무나 잘 알기 때문이다.

캠핑카 종류는 버스형은 클래스 A, 클래스 B는 벤타입, 트럭형 클래스 C, 그리고 보통 픽업트럭에 견인해서 달리는 5th Wheel RV가

있는데, 이 모델이 우리의 시선을 사로잡았다.

5th Wheel RV 캠핑카는 여기서 5휠이란 스패어 타이어의 의미가 포함되었다. 바퀴가 4개인 캠핑카는 혼자서는 못 움직이니까 5휠

의 역할인 픽업트럭으로 끌어줘야 하므로 히치 (견인 고리)에 연결하여 견인해서 이동을 하게 된다.

가족들이 생활하면서 몇 주씩 새로운 지역에서 지낼 때는 견인 되었던걸 풀고 캠핑카는 정박해 두고 픽업트럭만 타고 자유로이 그 지방 로컬을 다니기에 편리해 보였다.

캠핑카를 구입하고 나니 이젠 캠핑카를 견인해 줄 힘이 튼튼한 픽업트럭이 필요했다.

엘에이에서 떠날 올 때, 원래 우리 계획은 버스형 캠핑카를 사고 소형차 한 대를 견인해서 이동할 생각이었지만 여러모로 5th Wheels RV인 트레일러 형태의 카라반이 맘에 들어서 구매하기로 최종 결정했다.

메인 침대 방 및 화장실과 아이들 방에 벙크 베드 (2층 침대)도 있고
두 딸들이 사용할 샤워실과 화장실이 있어서 개인의 프라이버시도 존중할 수 있는 게 맘에 쏙 들었다.
룸 2개 화장실 2개! 조그마한 뉴욕 아파트 같은 사이즈라 해도 무방할 크기다!

게다가 냉방 시설 에어컨도 2개와 전체 난방 시설과 운치 있게 벽

난로도 잘되어 있는 4계절 패키지가 되어 있다는 게 매력이다. 캠핑카 안과 밖에 2개의 냉장고가 설치되어 실내 주방 외, 야외 주방 시설로 바베큐 그릴과 설거지가 가능한 싱크대가 딸려 있는 게 좋다.

우리가 타고 온 남편의 차와 내 차를 팔아서 새 픽업트럭으로 구입했다.

2020년 12월 말이라 연말연시 대 세일을 해서 2021년 신형 캠핑카 모델이 사려던 가격의 10%를 디스카운트해주는 세일을 해서 만족한 가격으로 새 트럭과 캠핑카를 한 달 만에 구하는데 성공을 했다.

운이 좋게 우리가 캠핑카 구입한 후 불가 6개월 뒤에는 수요가 급등하자 캠핑카 구입료가 두 배까지 올랐는데 우리는 시기적으로 남들보다 한발 앞서 샀기 때문에 적당 가격에 구입했다.

이렇게 일사처리가 빠르게 진행돼서 우리의 보금자리가 생겼다. 바퀴 달린 우리 집이 생긴 것이다. 자, 이젠 본격적인 풀타임 알비 리빙이 시작되는 것이다. 캠핑카의 생활은 정말 미니멀 라이프 실천의 최적의 공간이다.

첫 여행지는 어디로 갈래?

"눈 보러 가자!"

"하늘에서 눈 내리는 거 보고 싶어요, 나도 하얀 눈 만지고 싶어!"

"스키도 타고 싶어, 눈 싸움도 해보면 좋겠어"

"좋아, 그럼 아이다호주는 지금 눈 오는 시즌이니까 거기로 가자!"

2021년 1월… 새 출발 하기 좋은 새해가 밝았다.

남편의 친구가 아이다호주의 보이지에 사는데 일단 그곳으로 가기로 정했다.

왜냐하면 우리 두 딸아이들은 겨울에 눈이 내릴 정도로 춥지 않은 캘리포니아주 엘에이에서 태어나고 자라서 눈 오는 걸 직접 본 적이 없다. 물론 한국인 엄마를 따라 한국 방문을 해서 겨울을 경험해 보았지만 너무 어릴 때라 직접 하늘에서 내리는 눈을 본 기억이 없었다.

캘리포니아주 엘에이에서는 겨울에도 최저 온도가 화씨 50도(섭씨 10도)가 보통이라 영하로 떨어지는 경우가 없다.

겨울엔 비만 가끔 내리기 때문에 눈 내리는 걸 영화로만 접했던 두 딸아이였다.

우리 가족은 추운 곳 여행을 결정하고 난 후 두터운 패딩 점퍼와 부츠와 장갑 등 따듯한 겨울 용품을 쇼핑의 천국 라스베가스의 아울렛에서 단단히 준비를 했다.

드디어 아이다호주 보이지로 출발!!!.

라스베가스에서 보이지까지는 대략 12시간가량 끝없이 펼쳐지는 사막을 달려야 한다.

움직이는 보금자리, 바퀴 달린 집인 우리 캠핑카는 첫 여행지를 향해 달린다.

눈 내리는 아이다호주 보이지

남편의 친한 친구 캐빈 챈들러, 우린 챈이라 부른다. 챈은 건축 전문 디자이너이자 목공 수이다.

우리 가족이 도착한 곳은 챈의 아버지의 집, 미스터 챈들러 집의 뒷마당에 도착했다.

브랜드 뉴 신상 캠핑카를 구입하니 내부는 아주 심플한 구조였다. 그래서 남편 롸벗과 챈이 상의를 해서 우리 가족이 살기에 편리하게 내부를 꾸미기로 했다. 부족한 서랍 장이나 정수기 설치, 캠핑카에서 필요한 도구들을 사서 리모델링을 좀 하기로 했다. 그래서 내부를 꾸미는 동안 미스터 챈들러의 작업실이 있는 뒷마당에 우리 캠핑카를 정박하고 지내게 허락해 주셨다.

우리 가족이 지내고 싶은 만큼 오래 머무르라고 불편함이 없도록 작업장의 전기와 수도를 직접 연결까지 해 주셨다.

이렇게 우리의 첫 여행지는 챈의 아버지 집 뒷마당에서, 게스트 하우스에서 지내는 것처럼 분닥킹으로 임시 둥지를 틀었다.

　남편과 챈은 일단 아이들이 눈을 볼 수 있는 보이지의 스키장 보거스로 주말에 가기로 했다.

　아이들과 어른들도 스키도 타고 그렇게도 바라던 눈도 내려줘서 실컷 눈 구경을 했다.

　우리 딸들은 스키장에서 맞는 눈도 처음이고 스키를 타는 것도 태어나서 처음 접한다. 두 딸들은 처음 접하는 하얀 눈에서의 뽀송뽀송한 기억은 정말이지 두고두고 기억이 날 것이다.

미국땅 어디까지 밟아 봤니?

화장실은 어떻게 버리는지 아니?

미국의 캠핑카는 그야말로 생활하기 편리하게 잘 만들어 있음을 감탄하게 된다. 미국 캠핑카는 1908년 처음 만들었으니까, 115년이나 되는 현재까지 그동안 캠핑카 문화가 얼마나 발전되었겠는가?.

요즘은 캠핑카, 카라반 종류들이 많아서 가격대도 천차만별이고 크기도, 종류도 다양해서 소가족에서 대가족이 사용해도 불편하지 않게 잘 만들었다고 생각한다. 대형 럭셔리한 캠핑카들은 3억에서 10억 정도로 억 소리가 날 정도로 비싼 것도 있다.

우리 캠핑카는 38피트의 크기라 초대형까지는 아니지만 그래도 4인 가족이 지내기엔 불편하지 않을 크기이다. 캠핑카를 정박해 둘 때에는 슬라이드를 확장 해서 캠핑카 내부는 넓어지고 이동할 때는 슬라이드를 닫아 축소 시켜서 픽업트럭에 연결해서 견인을 하면 된다.

캠핑카 내부 인테리어가 끝나고 필요한 자체 발전기 제너레이터를 싣는 카고 설치, 오물 탱크, 수호(Sewer), 배수관(Drainpipe) 연결하는 방법, 마실 물의 탱크 채우는 방법 등 많은 것들을 시행착오를 하면서 배우게 된다.

식구 4명이 2주일 넘게 사용한 화장실의 오물 탱크가 거의 찼음을 알리는 계량기 표시를 보니 곧 오물을 비워야 된다는 것도 금방 알게 된다.

캠핑장에서 오수 처리를 하는 방법은 배수관만 연결하면 덤핑하기가 아주 쉽지만 개인 하우스 뒷마당에서 정박하고 지내니까 그동안 대소변이 많이 모아졌을 터, 처음으로 우리 가족은 화장실 탱크를 비워야 하는 순간이 왔다! 오수 대소변을 휴대용 오수 탱크로 옮겨 하수도에 버려야 한다.

"자기야, 화장실 변기 물 내릴 때 물방울이 생기는데?" 남편에게 물었다.

"엄마! 푸푸(Poo Poo)랑 피피(Pee Pee)가 꽉 차서 비워야 해요!"

케일라가 아빠 대신 답해준다.

"화장실 탱크가 가득 차서 비워야 해, 애들아! 재밌는 거 보여 줄게" 남편은 장난기가 발동을 했는지 두 딸들에게 재밌는 걸 보여주겠다며 의미심장한 미소를 띤다.

　"윽! 응가 냄새!!!"

　"아빠, 너무 역겨워요!"

　"비위 상해서 못하겠어요!"

　두 딸들은 호들갑 떨며 더럽고 역겹다고 인상을 찌푸린다.

　"화장실 탱크에 찬 오수를 휴대용 탱크 옮기는 호수를 잘 잡아야해!"

　"똥물이 튀었어!...."

　"너무 더러워"

　"화장실 이제부터 사용 안 할래요" 케이시가 코를 막으며 말한다.

　"인간이 먹고 배설하는 것은 아주 중요해! 리스펙트, 존중해야해!"

　우리의 건강과 행복과도 연관되는 중요한 것이 배설 행위다. 남편의 표현이 맞다. 사실상 먹는 것보다는 싸는 것이 더 중요할 수도 있다. 사람의 육체적 신진대사는 건강과 직결되기 때문이다. 그러니까 존중되어야 한다.

43

두 딸들은 더럽고 냄새난다고 불평을 했지만 오수 처리 과정도 캠핑카 생활에서 중요한 경험이고 앞으로 해야 할 일거리이다.

아빠와 딸들의 화장실 비우기 임무, 분담한 자기의 역할을 다했다. 남편과 두 아이들은 차차 경험하고 배우면서 능숙해 지리라 믿는다.

캠핑장이 아니기 때문에 휴대용 오수 탱크에 담아서 미스터 챈들러 집 하수구에 가져가서 버리게 되었는데, 가족 모두가 우왕좌왕하면서 오수 처리의 첫 경험은 강렬하고도 어렵게 배운, 그런 잊지 못할 에피소드가 되었다.

보통 미국의 캠핑장 알비 파크 즉, 사설 캠핑장을 이용하는 가장 편리하고 좋은 점은 전기와 물을 자유롭게 쓸 수 있다는 것과 화장실 비우기가 아주 쉽다는 점이 큰 장점이다. 캠핑장에 도착해 첫날 셋업을 해두면 떠나는 날까지는 밸브만 열었다 닫으면 간단히 해결된다.

대부분의 캠핑카 알비에는 블랙 워터와 그레이 워터, 두 가지 유형의 고정 탱크가 탑재 되어 있는데 그레이 워터 물탱크는 샤워기의 배수구로 내려가서 가라앉는 물을 모은다. 블랙 워터 물탱크는 오폐수를 저장한다.

두 탱크 밸브가 모두 닫혀 있는지 확인해야 한다. 왜냐면 블랙 워터 탱크를 버리기 시작할 때 그레이 워터 밸브가 열려 있으면 블랙 워터의 오폐물이 그레이 탱크로 역류할 수 있기 때문이다.

블랙 워터 밸브를 열어 두고 사용하다 가는 큰일이 난다. 만약 블랙 워터 밸브를 깜빡하고 열어 두면 액체가 탱크 밖으로 흘러나오고 고체 덩어리가 남아 피라미드형의 고체 더미가 된다.

그러면 탱크의 고장 주요 원인이 되기 때문에 큰 낭패를 겪게 된다. 또한 그것을 제거하려면 딜러쉽이나 캠핑카 고치는 전문가의 개입이 필요해 어마어마한 수리비가 든다.

그래서 보통 블랙 워터 탱크 밸브를 먼저 열어 버리고 난 후에 그레이 워터 밸브를 열어 비우면 된다. 그러면 수호(하수도)로 내려가는 배수관도 청소도 되니까 좋다. 우리 가족은 설거지와 샤워 물 사용이 잦으니까 그레이 워터 탱크를 일주일에 한번 정도 밸브를 열어서 비우고 2주 정도마다 블랙워터와 그레이 워터 탱크를 함께 같이 비운다. 우리가 주로 사설 캠핑장인 사우전드 트레일 멤버십(사설 캠핑장) 알비 파크에서 머물 때가 많으니 장기적으로 머물 때 사치품 중 하나는 물을 맘껏 자유롭게 사용할 수 있다는 점이다.

가끔 국립공원 같은 공립 캠핑장에 정박할 때는 전기와 물만 공급되는 곳이 있다. 그런 경우는 오물 덤핑하는 곳이 따로 있는데, 캠핑카를 끌고 가서 버리는 곳 덤핑 스테이션에서 오물을 버리고 다시 머무는 사이트로 돌아가 정박을 다시 해야 하는 경우도 있다.

또는 드라이 캠핑이라고 해서 오지에서 캠핑을 할 땐 전기와 물의 공급은 따로 되지 않을 때는 자체 캠핑카에 준비해 온 정수 물탱크

용량만큼만 사용한다. 전기도 제너레이터 배터리를 장착해 보충 전기를 끌어다가 사용할 수 있다. 요즘은 솔라 장치가 되어 있어 배터리도 햇빛으로 어느 정도는 충전할 수가 있다.

오물 탱크를 비워야 할 땐 휴대용 탱크에 오수를 옮긴 후 지정된 하수구인 덤핑 가능한 곳, 덤핑 스테이션에 가서 버려야 한다.

챈의 아버지 미스터 챈들러는 무뚝뚝해 보여도 굉장히 스윗 하신 분이다. 은근 귀엽기까지 하시다. 한 번도 한국 음식을 접해 보지 않으셨다 길래 한국 음식을 만들어서 갖다 드리면 너무 좋아하시고 매운 음식 빼고는 맛있게 잘 드신다. 우리 가족이 함께 지내는 동안 아들 챈도 거의 매일 아버지 집으로 뻔질나게 드나드니 좋다 하시며 겨울 내내 우리 가족이 떠나지 말았으면 좋겠다고도 하셨다.

"우리 집 뒤뜰을 겨울 내내 빌려줄 테니 우리 아들 챈 이랑 함께 베이슨(Basin)에서 스키도 타고 눈도 실컷 구경 해!"

미스터 챈들러와 베키 아주머니는 우리 더러 뒷마당에서 아예 이번 겨울을 지내라 하신다.

" 고맙지만 사양하겠습니다. 저희는 추운 지방에서 오래 견디질 못해서요 ".

우리 가족은 추운 지방에서 지내는 동안 좋은 경험과 추억을 쌓았지만 이제는 슬슬 이동하고 싶어졌다.

우리가 추위에 약하기도 하고 트럼프 대통령에서 바이든 대통령이 바뀌는 2021년 1월 21일을 기점으로 미국은 엄청난 난리가 터질 거라는 소문과 코비드의 시기로 계엄령이 내려질 거라는 우려와 불안한 뉴스나 루머들이 흘러나온다.

게다가 1월 중순부터 2월은 폭설이 내릴 거라는 일기 예보에 우리 가족들은 더 추워지기 전에 따듯한 지방으로 이동하고 싶었다.

보이지에서 지내는 3주 동안 캠핑카에서 지낼 최소화하고 이동할 때 운전하며 달리는 동안 물건들이 떨어지거나 흩어짐을 방지하기 위해 서랍 정리 정돈을 마쳤다. 떠나기 전날 챈과 챈의 아버지와 친인척들까지 작별 인사를 하러 와서 우리의 여행과 모험을 응원해 주었다.

내가 살던 캘리포니아주는 아직도 팬데믹 시기가 한창일 때라 제한도 심하고 사람들 모이는 것도 꺼려서 우리가 떠나올 때 영상 통화로 굿바이 인사를 대신했다.

모든 게 영업이 중지되어 제약이 심한 반면 네바다주와 아이다호주는 그렇게까지 제약이 심하지 않다.

식당들도 정상 오픈 되어 있어서 친구들과 만나서 식사도 하고 코비드 전 세상, 예전같이 대하니까 좋다.

자, 이제는 좀 따듯한 겨울이 펼쳐지는 애리조나주로 이동하기로 해 볼까.

애리조나주 세도나에서 기를 받다

애리조나주에는 고마운 사람들이 산다.

토마스와 리나 가족은 우리 남편이 피닉스에서 일 때문에 잠시 3년 정도 살았었을까 ?, 그때 인연이 있던 동생들이다.

교회의 전도사로 사역 중인 토마스와 리나 부부는 따뜻하게 우리를 맞이해 주며 며칠 자기 집에 머물게 했다.

우리 캠핑카는 리나네 집 앞에 파킹을 해 두고 잠시 아이들끼리도 즐거운 시간을 보내도록 말이다. 케서린과 알렉스 그리고 우리 애들과는 또래들이라 며칠을 리나 집에서 머물면서 오래간만에 코비드 시기도 다 잊고 담소도 나누고 반가운 시간을 보냈다.

그런 후 주말에 세도나에 캠핑장에서 1박2일 캠핑을 함께 했다. 코비드 시기라 여행이 제한되었다 하더라도 캠핑장은 예약하기가 힘들 정도로 인기가 높아져 예약이 꽉 차 있었고 겨우 한 곳만 누군가 취소한 사이트가 예약 가능이 돼서 함께 세도나로 캠핑을 떠났다.

세도나는 엄청난 기운이 흐르는 곳이라 많은 사람들이 기를 받으러 방문한다. 코비드 시기에 여행자가 없을 것만 같았는데 가는 곳곳 사람들이 많다.

1월 말이라 낮에는 제법 따듯하지만 저녁 해가 떨어지면 산속이라 기온이 뚝 떨어져 엄청 추워진다.

리나의 딸 케서린과 아들 알렉스는 우리 두 딸들과 함께 캠핑장에서 하룻밤 보내는 게 무척 신나 보였다. 요즘은 학교 수업도 집에서 온라인으로 하는 중이라 친구들과 만나거나 여행을 가는 게 꿈조차 꾸기 힘든 시기이다.

그런데 함께 세도나로 여행 온 지금이 꿈 만 같다. 비가 오는 세도나의 어느 캠핑장에서 리나와 나는 삼겹살과 스테이크 새우 조개 … 등 구울 수 있는 건 모조리 바베큐 구웠고, 한국 마켓에서 장을 잔뜩 보고 온 리나 동생이 우릴 위해 원 없이 한국 요리를 해줬다.

"캠핑 푸드로 한국 사람한테는 삼겹살이 최고죠!"
"맞아, 이게 얼마 만에 맛보는 삼겹살이니…!"
"언니는 삼겹살에 김치, 롸벗 형부랑 아이들은 스테이크!....
"야호!...비 오는 날 캠핑카 어닝 아래에서 먹는 삼겹살에 김치!….
리나야! 고마워"
"언니, 떠날 때 내가 만든 김장 김치 좀 나눠 줄게!"
착한 리나가 한국 음식을 오랜만에 접하는 나에게 금보다도 귀한 김장 김치를 준다고…정말로 한국인은 "김치 없음 못 살아!" 특히 나에게는… 피 같은 김치! 다.

나도 리나와 한국말로 늦은 밤까지 수다를 떨었고 아이들 4명도 오래간만에 캠핑장에서 슬립오버 하니까 신이 났다.

따뜻한 캠핑카에서 하룻밤 자고 일어나니 비가 그쳤고 날씨가 청아하기 그지없다. 아이들이 상쾌한 아침 산책을 하는 동안 리나와 나는 아침을 든든히 차렸고 캠핑카는 캠핑장에 정박해 두고 다 함께 힐링의 땅 세도나…로 출발했다.

세도나는 지구의 에너지가 모여드는 붉은 땅, 지구 자기장의 영향을 받아 나무들이 휘어 자라고 볼텍스가 흘러 기운이 세서 많은 사람들과 특히 뉴에이지 운동가들이 지구의 에너지의 발산되는 기를 받기 위해 세도나로 몰려오는 그런 곳이다.

세도나에서 꼭 가 볼 만한 곳은 벨 록, 종처럼 솟아오는 모양의 바위가 유명하고 또한 성 십자가 예배당은 언덕 위에 지어진 작은 성당인데 우리들은 이 교회 안에서 손 모아 기도를 하며 이런 시기에 좋은 사람들과 함께 여행을 할 수 있음에 감사의 기도를 드렸다.

애리조나주의 최고의 명소로 세도나 외에 그랜드 케년 은 미국 서부 지역에 있는 국립 공원 중 가장 방문하는 사람이 많을 정도로 유네스코 세계유산으로 지정된 곳이기도 하다. 우리 가족은 애리조나의 그랜드 케년과 세도나 여행을 사랑해 예전에도 여러 번 다녀갔을 정도로, 그야말로 신이 만든 정말 어메이징 한 곳이며 갈 때마다 힐링이 되는 장소이다.

51

미국땅 어디까지 밟아 봤니?

뉴멕시코 여행, 화이트샌드 국립공원과 칼스베드 동굴

뉴멕시코주 알버커키로 그다음 여행지로 정했다.

그렇지만 폭설로 길이 얼어서 덩치 큰 캠핑카를 끌고 미끄러운 길을 달리는 건 위험하다고 판단하고 우리는 남쪽에 위치한 화이트 샌드 국립공원으로 여행 코스를 바꿨다.

내 남편 롸벳이 유년기부터 고등학교까지 뉴멕시코주 알버커키에서 살았었기에 시어머니와 친한 친척들과 친구들이 많이 살고 있어서 우리 가족들 데리고 여러 번 방문을 해서 익숙했던 곳이었으나 이번에 뉴멕시코주 남쪽으로 여행은 나와 우리 딸들에게는 처음 가는 곳이어서 무척 기대되고 설렌다.

화이트 샌드 국립공원을 입장하기 위해 방문자 센터에 들어갔더니 재향 군인인 베테랑들에게 미국 어디든 국립공원 무료입장 패스 카드를 만들어 준다.

그런 거 보면 미국은 나라를 위해 군대를 제대한 사람 누구나 이런 혜택을 주는데 참 인심이 넉넉하다고 느껴지고 나라가 보답으로 대우해 주는 게 잘하는 짓이라 생각이 든다.

남편 덕에 우리 가족은 이제부터 국립 공원 입장은 무조건 무료입장을 하게 되었다. 4명이면 입장료도 만만치 않은데 베테랑 혜택으로 가족들까지 무료입장이 가능하다니 좋다.

공짜는 왠지 기분이 째진다…

화이트 샌드는 석고 수정으로 이루어진 모래 언덕으로 이뤄져 강렬한 햇볕에도 뜨거워지지 않는 부드러운 모래, 하얀 설탕 같은 모래다.

보통 사막이라면 황토색의 모래가 떠오르고 여름에 맨발로 걷다가는 자칫 뜨거워 발바닥에 화상을 입게 될 것이다.

그러나 여기 석고 모래는 참 보드랍고 차가 와서 기분이 좋다.

이곳에 갈 땐 샌드 슬래딩(Sand Sledding) 을 즐겨주는 게 또 하나의 짜릿한 묘미다.

우리 딸들은 캠핑장에서 빌려온 슬래딩 보드를 챙겨 가서 즐거움을 더했다.

하얀 모래 언덕에서 썰매를 타는 거는 우리 두 딸에게도 신났지만 우리 어른들도 신나긴 마찬가지였다. 마치 동심의 세계로 들어가서 실컷 즐겨줬다.

뉴멕시코에 칼스베드 동굴은 75층 아래 땅 밑으로 어마어마한 축구장 크기의 지하 동굴이 있는 국립 공원이다. 이곳도 유네스코 세계

유산에 등재된 거대한 동굴로 마치 바닷속에 들어가는 느낌이 들었다.

어찌나 크고 웅장한지 내 입에서는 연신 감탄사가 저절로 나왔다. 정말 어마어마하게 크다.

신이 만든 이 아름다운 자연에 동굴 안을 내려가면서 발로 닿는 곳과 천장의 암석들과 가장 큰 동굴인 빅 룸! 은… 말 그 자체로 엄청난 크기의 방이다.

코비드 시기라 여행 방문자들이 그리 많지 않아서 우리 가족은 충분히 여유롭게 둘러볼 수 있었다.

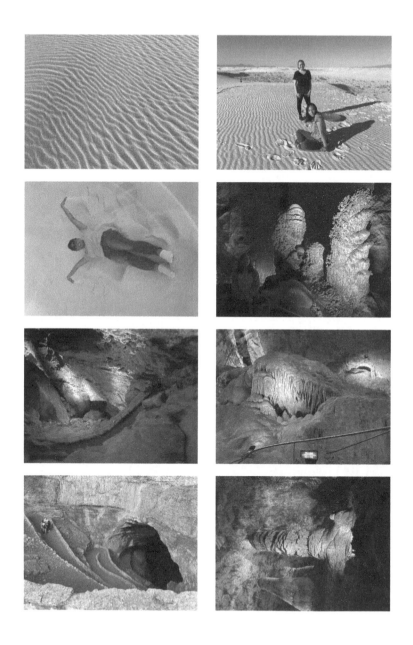

미국땅 어디까지 밟아 봤니?

텍사스주 여행, 꼭 먹어봐 텍사스 바베큐는…,

텍사스주는 미국 50개 주중 알레스카주 다음으로 두 번째로 큰 면적을 가지고 있다.

특히 다른 주보다 물가가 싼 편인 거 같다.

엘에이에서 치솟는 게스 값이 우리가 보통 갤런당 4~5불씩 지불했다면 여기 텍사스주는 진짜 착한 가격이다. 대략 3불 50전 미만인데 그동안 미국 대륙 횡단을 하면서 게스 요금이 제일 안정적인 거 같다.

텍사스주 오스틴에 먼저 가 보기로 했다. 그곳은 남편의 사촌이 살고 있어서 꼭 만나고 싶은 친척이었다. 사촌 단은 핸디맨이자 포르쉐 자동차 콜렉션을 하면서 직접 바디샵도 운영하는 남편의 사촌 동생이다.

단의 바디샵에서 차 점검을 하기로 했다.

구입한지 얼마 안 된 새 픽업트럭이 불가 두어 달 만에 오일 체인지 해야 한다는 건 그만큼 미국 땅이 어마어마하게 넓어서 달려온 거리가 꽤 된다는 것을 짐작게 한다.

오일 체인지는 대부분의 남자들은 갈아 본 적 있을 것이다.

그러나 남편 롸벗과 사촌 동생 단은 여자도 오일 체인지를 할 줄 알면 장기간 여행할 때 유용할지 모른다고 내가 해보면 어떻겠냐고 슬슬 유도한다.

여자들도 남자들과 평등을 주장하는 요즘 세상에 흥치! 뭐 나라고 못할까…쳇!

도전하는 거를 두려워하지 않는 나다. 까짓 꺼~ 뭐!

"시계 방향으로 꽉 조이지 않으면 트럭이 달릴 때 오일이 샐거야."
단이 장비를 설명해 준다.

"에이제이, 당신은 할 수 있어!" 남편 롸벗이 거들며 흥분한다.
'아내가 오일 체인지 할 수 있는 게 미국 보통 남편들의 꿈'이래!
남편은 신이 나서 말한다.

"우리 와이프가 내 앞에서 오일 체인지 할 수 있는 거 보면 엄청 섹시하게 보일 거 같아~"

이런 생각은 우리 남편 롸벗의 생각인지 다른 남편들도 정말 그런 건지는 팩트 체크를 해 봐야 하겠지만 그래 이번에 속는 셈 치고 도전해 보는 거 나쁘지 않아!... 나도 내가 할 수 있을까? 의심은 나지만 그냥 시도해 보는 거지 뭐!.

"나도 고등학교 다닐 때 아주 고물을 타면서 내 스스로 차 점검도 하고 고치고 그러면서 터득한 거지. 미국의 웬만한 남자들은 오일 체인지 하는 건 기본적으로 다 할 수 있지! " 남편은 내게 용기를 주려는 걸까? 잘난 척하는 걸까?

드디어 서툴렀지만 내가 픽업트럭의 오일 체인지를 성공 시켰다!

남편은 뭐든 해보겠다 도전하는 내 모습이 귀엽고 사랑스럽다고까지 말했다.

칭찬은 고래도 춤추게 한다던데 은근 나 자신이 자랑스럽기까지 한다.

우리 부부는 닭살 부부라고 주변 사람들 한 테서 종종 듣는다.

믿거나 말거나…(오글거림 주의)

텍사스주에서 꼭 먹어봐야 하는 것, 바로 텍사스 바베큐!

텍사스의 바베큐는 미국 내 다른 지역의 바베큐와 확연히 구별된다.

아마도 텍사스 스타일 조리법으로 소고기를 스모크링과 검게 캐러멜 라이징으로 되어서 그런가?, 쓴맛이 전혀 느껴지지 않는 맛!

텍사스 바베큐를 왜 꼭 먹어봐야 하는지를 알겠다.

텍사스주를 여행하시는 분들은 꼭 텍사스 바베큐를 경험해 보시라고 추천드린다.

텍사스주 오스틴에서 제일 유명한 바베큐 솔트릭 레스토랑에 들어서자마자 훈제 가슴살의 천국 같은 향기가 찾아온다.

식당에서 특별 제조 소스도 나열해 뒀고 유리창 너머로 바베큐를 하는 걸 볼 수 있게 시각적으로도 유혹에 빠지게 해뒀다.

흔한 바베큐 같은 비주얼이지만 맛은 최고다!

나는 애들 것도 맛보고 남편이 시킨 것 모두를 맛봤는데 우린 전혀 불평이 없다.

사촌 단이 정한 맛집인 솔트릭 레스토랑은 훌륭했고, 서빙하는 젊은이들도 친절하며 분위기는 즐겁고 활기찼다.

캘리포니아주 같으면 아직 식당 영업이 안되는데 텍사스 오스틴은 코비드 시기가 아닌 듯 딴 세상에 와 있는 거 같았다.

우리는 메인 코스로 패밀리 서먼즈를 주문했고 디저트로 블루베리와 애플 코블러 파이를 주문했다. 우리가 주문한 디저트는 엄지 척이였다.

배 터질 것 같은 푸짐한 양인데도 디저트를 위한 위장을 좀 남겨 둬야만 할 것이다.

아이스크림을 곁들인 블루베리 코블러! 진짜로 안 먹으면 후회할 뻔했다.

오스틴의 다운타운 강변 다리에서 박쥐 출몰 현장을 목격할 수 있다 하여 아직은 2월인데 칼 바람이 부는 데도 저녁 해질 무렵에 다운타운 다리 위에서 기다렸다.

그러나 여름철이 아니어서 엄청난 양의 박쥐 출몰 현장을 목격하지는 못했다. 아직은 철이 아니라 몇 마리만 날아다니고 말더라.

아마 이다음 여름에 이곳을 또 방문하게 되면 그때는 석양이 깔릴 때 엄청난 박쥐들 출몰 현상을 멋지게 관람할 수 있겠지…다음에 또 올게!

미국땅 어디까지 밟아 봤니?

텍사스와 멕시코 스타일 공존하는 샌안토니오와 리버워크

나와 남편은 X 세대 (1965~ 1980), 우리 딸 들은 Z 세대 (1997~ 2013)이다.

우리가 함께 역사를 배우고 이해함으로써 우리가 어떤 삶을 살아야 하는지,

딸들에게 사고력과 판단력을 길러 주고 미래를 옳고 바르게 살아갈 지혜를 가졌으면 좋겠다는 바램에서 현장 체험이나 방문은 중요하다 생각한다. 그래서 역사의 현장으로 샌안토니오의 알라모 성을 방문하기로 한다.

텍사스주 남부지역 샌안토니오는 미국 혁명가들이 멕시코 군대에 맞서 그것을 방어하기 위해 싸우다가 죽은 후 성지로 변형된 전 스페인 선교 교회인 알라모 성을 찾아가서 미국의 역사를 배워본다.

우리 아이들의 눈들이 반짝반짝 빛이 난다. 학교에서 배우지 못한 것들을 직접 찾아가 유적과 역사에 대한 흥미를 유발하니까 이해력,

탐구심, 관심 등이 확실히 높아지는 효과가 있다.

'아!... 현장 학습 체험 같은 게 정말 좋구나' 나도 한국에서 중고등학교 때 배워도 기억 안 나던 것 들이 이곳에서 직접 보고 배우니 머릿속에 저절로 저장이 된다.

텍사스 독립전쟁 중 1836년에 벌어진 알라모 전투는 독립을 위한 투쟁이 아주 치열했었고 ' 유일하게 독립된 주 (1845년 9년간) '였다.
13일 동안의 자유를 향한 투쟁은 아주 치열했었던 전투였고, 멕시코군을 몰아내고 샌안토니오와 알라모를 지키기 위해 싸운 이들이 멕시코 정규군 약 1000명과 맞서 싸우다가 전사한 전투이였지만 결국 멕시코군을 격퇴했고 텍사스 혁명을 종결했다.

알라모 성안은 사진 촬영은 금지되어 전시장과 성 밖의 외관만 사진을 찍을 수 있다.
샌안토니오는 텍사스인들의 자부심인 곳! 이자 가장 오래된 도시이다. 텍사스 혁명 중 텍사스 공화국과 멕시코 군 사이의 매우 중요한 알라모 전투에 대해 공부도 하고 현장 학습을 하니까 슬슬 배가 고파왔다.
알라모 성을 나와 약 20분 정도 걸으면 리버 워크가 나온다. 한국의 청계천의 모델이 되었다 해서 많은 한국 사람들이 잘 아는 이곳 리버 워크!

야외 식당에서 멕시칸들이 마리아치 노래를 부르며 식사하는 연인 앞 테이블에서 걸어 다니면서 연주를 해준다.

우리는 너무 배고파서 리버워크 초입부에서 패스트푸드 햄버거로 대충 식사를 한 게 후회스러웠다.

리버워크 산책로를 따라 걸으니 완전 유명 먹거리다.

조금만 참았다가 멋진 식당에서 식사를 할걸… 이렇게 맛집이 많은 걸 알았더라면 야외 테이블에서 음악을 감상하면서 식사를 할걸… 뒤늦게 후회가 몰려온다.

코비드 시기라 실내 개방을 안 하는 줄 알았는데 이곳은 식당 안과 야외 테이블 모두 영업을 하고 있었다.

강 위에서 평화로이 헤엄치는 오리도 구경하며 건너편 강에서 흘러나오는 마리아치를 들으며 산책을 하니까 이색적이고 정감이 간다. 걸으면서 산책하다 보니 재미있는 점이 내 눈에 들어왔다.

강을 사이에 두고 한쪽은 텍사스주 상징의 레스토랑들이 즐비하고 다른 한쪽은 멕시칸 스타일 레스토랑들이 자리해 있어서 텍사스 스타일과 멕시칸 스타일을 각각 선보이고 뽐내는 것 같았다.

기회가 돼서 이곳을 여행하게 되시면 유네스코 세계 유산인 알라모 성에서 미션 코스를 둘러 보고 리버워크에 들러 유명한 먹거리에서 100여 년 된 오랜 식당에 들러 취향껏 골라 드셔도 재밌을 듯하다.

홈리스인가? 노마드즘족인가?

경제 침체가 심각해진 요즘 미국이나 유럽, 전 세계가 코비드 이후 홈리스들 즉 노숙자들이 늘었고 인플레이션(물가 상승)은 지속적으로 계속 오르는 요즘 우리 가족이 살던 곳을 떠나 이렇게 여행을 하면서 살아가는 게 집안 어르신들이나 가까운 친척 그리고 지인들의 부러움을 사고 있기도 하지만 한편으론 걱정들을 할 때도 있다.

미국은 주택 모기지 이자, 재산세, 보험비, 관리비 등 본인이 소유한 집이라 해도 모기지 이자를 못 내면 정부에게 빼앗긴다. 이런 점을 생각해 보면 요즘 같은 경제 침체 때는 차라리 하우스에 살며 불어나는 빚을 지게 되느니 무주택이 속 편하다.

그래서 나는 당당하게 말한다. 우린 홈리스가 아닌 무주택자라는 개념의 노마드 라이프 패밀리라고 말한다.

즉 우리 가족은 현대판 노마드즘족이다!

홈스쿨링을 선택한 이유

　우리 부부와 아이들은 노마드 라이프를 선택하며 여행과 모험을 통해 많이 경험하고 많이 배울 수 있을 것 같았다. 여행 다니면서 아이들 공부는 어떻게 시키는지 많은 사람들이 궁금할 것이다.

　이제부터 홈스쿨링을 하게 된 결정적 이유를 말하고 싶다.

　우리 딸들은 캘리포니아주에서 LAUSD (로스앤젤레스 통합 교육구) 교육 관할인 온라인 수업 (2021년)을 진행을 하고 있었다.

　큰딸아이는 팔리 하이 스쿨(Palisades High School), 막내딸은 폴 뤼뷔어 미들 스쿨 (Paul Revere Middle School) 을 다니다가 팬데믹으로 학교가 문을 닫아서 온라인 수업으로 전환되어 LAUSD 로스앤젤레스 통합 교육구의 온라인 수업을 쭉 하고 있었다.

　우리가 미서부의 엘레이를 떠나 미동부 쪽으로 이동을 해서 두서너 시간, 시차가 조금씩 달라진다. 가령 서부 시간 보다 세 시간이 빠른 동부에서 시차가 발생해 잠이 많은 청소년 시기 아이들의 생체 리

듬이 헷갈려서 학교 온라인 수업을 따라잡느라 동부에서 지낼 때도 해가 중천이 되어서야 아이들이 일어나게 되는 일이 생긴다.

다른 주로 옮길 때 생기는 시차 때문에 우리 아이들이 다니던 엘에이의 학교 온라인 수업 시간 맞추기가 엉망진창, 뒤죽박죽이 되어 버렸다.

팬데믹 시기에 학교는 문 닫고 미국 전국의 학생들이 온라인 수업을 하게 되니까 시간 활용을 더 잘할 수 있다고 생각했다.

그러면서도 학교 커리큘럼을 잘 관리해 주는 학교 선생님만 기대했던 거 같다.

딸아이들은 아예 온라인 수업을 틀어 놓고 컴퓨터 게임이나 친구들과 화상 통화 등으로 딴짓을 하는 경우가 많았고 거의 학교 수업 집중을 못 했던 거 같다. 우리 부부는 고민에 빠졌다…

갑자기 교육 철학이 투철 해져 미국에서 태어난 우리 아이들을, 한국인 엄마인 내가 간섭하고 옆에서 눈 부릅뜨고 지키고 앉아 있을 수도 없고 어떻게 잘 이끌어 줘야 할지 감히 자신도 없다.

미국인 남편은 다행히 이성적인 성격이라 긍정적이고 개선의 방법 찾아 노력 끝에 많은 조사를 마쳤다.

우리의 선택은 아베카 (Abeka) 홈스쿨링이다.

코비드 시기에 미국 학교 모두가 온라인 수업하게 된 아이들을 잘 이끌 수 있으려면 부모가 더 신경 써주고 확인을 해줘야 하는걸,

부모도 배우고 깨달아야 함을 알게 했다.

미국의 홈스쿨링 가정들이 팬데믹 시기 이후 엄청난 속도로 증가했다. 심지어 팬데믹이 끝난 2022년 이후 엔데믹이여도 학교로 돌려보내지 않는 미국 가정이 늘었다.

이유는 다양하지만 우리 부부는 학교 정책에 대한 의견 불일치,
코로나 바이러스로 백신 강요 등⋯ 여기 쓴 내용은 나의 소신 발언이다. 지극히 개인적인 생각이고 다른 의견이 있어도 맞서서 싸우지 않겠다.
미국인 내 남편은 보수적인 편이고 한국인 나는 한국에서 초, 중, 고, 대학까지 교육을 마쳤기에 미국에서 교육을 받은 게 아니기에 이런 미국 현 교육 환경이 너무 이해가 안 되고 학교 교육 방침, 특히 캘리포니아주의 교육 방침이 썩 마음에 들지 않아서 팬데믹 시기에 핑곗김에 떠날 결심을 했던 것이다.

요즘 미국의 학교에서 뭘 가르치는지 잘 모르겠다. 아이들에게 태어날 때 주어진 성별도 원하면 선택해도 된다는 걸 은근 괜찮다는 식의 교육을 하고 있다.
적어도 내가 보기엔 그렇게 느껴진다.
성 정체성을 헷갈리게 유도하는 것 같은 느낌을 받았다.
아예 트랜스젠더가 되라고 부추기는 교육을 하는 선생님도 있다.
이건 내가 우리 큰아이가 중학교 다닐 때 학교에서 뮤지컬 공연을 하는데, 그 중학교에서 내가 한국에서 뮤지컬 전공했다는 것과 뮤지컬 배우로 활동을 한 것을 알고, 내게 재능 기부를 부탁해 왔다.

학교의 부탁을 거절할 수도 없고 딸아이 기 좀 살려 주려고 '헤어스프레이 (Hair Spray JR, 2017)' 와 '리걸리 블론드 (Legally Blonde JR, 2 018)' 2년간 뮤지컬 안무를 해준 적이 있었다.

그때 당시 딸아이의 중학교에서 뮤지컬 안무자로 아이들을 가르칠 때, 실제로 그런 선생님이 그 학교 교육자로 있어서 내가 상당히 놀랬던 적이 있었다.

최근 미국에서 성소수자 (LGBTQ) 인권의 달이라고 2023년 6월을 정했는데 성소수자들을 부추기며 LGBTQ (레즈비언, 게이, 바이섹슈얼, 트랜스젠더, 큐어의 약자) 관련 마케팅, 상품을 타겟 (Target), 버드 라이트(Bud Light), 내놓은 기업들이 물의를 일으키고 있다.

얼마 전에 있었던 일이다. 로스앤젤레스 다저스 (LA Dodgers)는 지난 10년간 매년 6월에 성소수자 행사를 개최하면서 성소수자들을 위해 활동하는 단체들을 선정해 수상을 해 왔다. 그런데 올해는 영원한 방종의 자매들이라 하여 카톨릭 사제와 수녀들 복장을 하고 풍자와 시위 등 퍼포먼스를 하면서 기독교를 욕보이는 행위를 해 많은 사람들이 불편하고 비난하며 결국 이 행사를 취소하게 만들었다.

나 또한 이 뉴스를 접할 때 이런 생각이 들었다…미국이 정말 몰락하고 있구나….

미쳐가는 미국이 되어가는 걸 보는 게 마음이 아프다.

나는 성소수자들을 차별할 생각은 없지만 성소수자들로 사는 것이 그들의 뜻이라면 그것을 비판할 자격도 반대도 할 생각이 없다.

내 친구 요즈밋도 트랜스젠더로 20여 년 넘게 친한 친구가 있다. 그 친구가 커밍아웃 할 때도 조용히 응원해 주었던 나다.

심지어 내 결혼식 때 내 들러리도 했었다. 오랜 친구이자 예술가로 나는 조용히 지지했었다. 그러나 소수 인권도 보호를 받아야겠지만 오랜 역사를 거쳐서 만들어온 다수의 전통과 질서를 무너뜨리고 망하게 하는 것은 옳지 않다고 생각하는 나다.

그것도 소수가 다수를 차별하는 거니까…

얼마 전엔 퍼포먼스 랍시고 어린아이들을 비키니 입혀서 성인 어른이 비키니 입은 것처럼 치장해 놓고 쇼 프로에 출연 시켰다는 뉴스를 보고 내 귀를 의심했다.

' 진짜 꼬마 아가들에게 무슨…정말 무슨 짓을 어린아이들에게 하는 건가! …미쳐도 단단히 미쳤다!!! '

캘리포니아 어느 패밀리 식당 가에서 내 친구가 겪었던 일이다.

완전 나체로 사이클을 타고 함성을 지르면서 시선을 끌었던 20여 명 무리들이 소리쳤다. 주변엔 패밀리 식당들이어서 어린아이들과 부모들이 대다수였는데…

"곧 당신들의 아이들에게 우리가 곧 찾아가겠다!!!"

"WE're coming for your children too you!!!"

(악마들이 곧 당신들의 아이들에게 찾아오겠다는 것인가?…)

눈뜨고 볼 수가 없을 정도로 쇼킹해서 아이들의 눈과 귀를 가리기 바쁜 부모들의 눈살을 찌 뿌리게 했다고 한다.

적어도 내가 미국에 왔었을 때만 해도 이 정도로 미친 세상이 아니었다.

미국에선 성별 표기를 하기를 거부한다. 성차별이라 그런 표기를 없애고 화장실도 유니섹스라 하여 여자 남자 화장실 구별을 없애 모든 성별이 공동으로 이용하는 화장실로 바꿨다. 말 그대로 모든 성의 출입을 허용하는 성 중립 화장실 표기로 바뀌었고 그것을 의무화 법안이 통과되었다.

미국은 민주당 (Liberral리버럴, 파란색 상징) 과 공화당 (Conservative 컨설베이티브, 빨간색 상징)의 양당체제를 구축하고 있다.

공화당은 보수적인 성격을 갖고 있는 반면 민주당은 개방적인 진보 또는 사회 자유주의 성격을 띠고 있어서 소수자 인권 보호 등을 추구하는 진보 정당이다.

미국은 현행 새 지침에 따르면 신분증과 여권에 남성을 표하는 'M' 과 여성을 의미하는 'F' 말고도 성전환자나 불분명한 성별을 가진 사람, 중성을 나타내는 'X'를 표시할 수 있다.

청소년 14세 미만이 성폭행 당해도 피해자의 부모가 합의해 주면

죗값을 치르지 않고 돈으로 해결할 수도 있는 법도 통과된 캘리포니아 주이다.

이런 법이 통과되니까 마음 놓고 딸들을 키울 수 없을 것 같아서… 캘리포니아주를 우린 떠난다…

나는 한국에서나 미국에서나 정치에는 도통 관심이 없었다.

그러나 두 딸을 키우는 지극히 평범한 엄마 아빠의 입장에서 생각하면 캘리포니아주의 법이 바뀌는 요즘 상당히 불안하다.

우리 부부는 15세 13세의 두 딸들을 이 캘리포니아주에서 교육하는 데로 맡길 수가 없겠다 판단했고 그런 이유 때문이라도 홈스쿨링을 선택하기로 했다.

아베카(Abeka) 홈스쿨링에 대해서

홈스쿨링 아베카 수업은 정규 과정 등록금과 교재비를 일 년에 일 인당 $1,500 천오백 불 정도(한화로 약 150만 원 미만)이며 완불할 수도 있고 매달 할부로 분납해 등록금을 낼 수 있도록 선택하는 방법 두 가지가 있다.

(현재 2023년 기준으로 일 년에 일 인당 $1,750 천칠백오십 불, 한화 약 200만 원) 우리 딸들은 9 학년 10 학년을 팬데믹 시기로 소홀했던 성적이 만족스럽지 않아서 아베카 온라인 수업을 시작할 때 학년을 올리지 않고 한 학년을 다시 복습하기로 했다.

두 딸아이는 아베카 온라인 수업을 선택하고부터는 성적도 향상되었고 커리큘럼도 체계적으로 잘 구성되어 있으며 우리 딸들에게 딱 맞는 수업이라 생각한다.

크리스챤 아카데미에서 훌륭한 교육을 제공하고 40년이 넘도록 미국인들 가정에서도, 전 세계에서도 9만 명이 넘게 사용하는 미국 정규 과정으로 졸업생들을 배출한 탄탄한 홈스쿨링이다.

정말 우리 아이들에게 적합한 홈스쿨링 온라인 학습 프로그램이다.

놀랍게도 아베카 학교 상담 선생님들과 우리 딸아이들과의 교류도 잘하고 있고 참여와 관심을 잘 갖도록 부모들도 따로 상담해 주고 있어서 아베카 홈스쿨링을 택한 것은 정말 신의 한 수라 생각한다.

우리 딸아이들이 홈스쿨링을 하면서 학습도 학습이지만 사회성이 떨어질 우려로 친구를 만들기 힘들고 고립될까 걱정도 했었지만 그건 우리 딸들에게는 해당이 안 되는 것 같다. 사교성이 있는 편이다.

그 지역의 교회를 나가서 청소년들끼리 만남을 가지고 잘 어울린다. 또한 캠핑장에서도 또래 들을 만나기도 하니까 그건 문제가 되지 않는다.

우선은 우리 가족처럼 노마드 라이프를 택해 비슷한 환경의 가족들을 여행을 통해 만나고 그들과 지속적으로 만나서 교감하고 다른 여행지에서 또 만나고 다른 홈스쿨러들과 플레이 데이트도 시키니까 사회성 부족은 걱정할 바 가 아니다.

오히려 마약이나 학교 폭력 등의 걱정으로부터 조금 안심해도 된다고 말할 수 있다.

그럼 무슨 일하며 먹고 사나?

미국 생활이란 '태어나서부터 쭉 페이먼트를 내면서 살고, 평생 갚으면서 살아가다 결국 죽어서야 페이먼트 내야 하는 것으로부터 해방된다'란 웃픈 얘기가 있다.

그만큼 살아가면서 학비부터 의료보험, 의, 식, 주를 해결하면서 은행 빚을 지는 게 당연하고 페이먼트 내면서 살기 때문에 평생 빚 갚으면서 사는 사람이 대다수란 뜻이다.

코비드 시기에 회사도 문을 닫아서 집에서 재택근무를 하게 된 많은 미국인들.
우리 부부는 경제적으로 재력이 많은 집안에 태어난 것도 아니고 그렇다고 모아 둔 재산이 그렇게 많지도 않다. 하지만 먹고사는 데는 지장이 없이 남편은 벌고 나는 두 딸아이를 케어하며 직장을 나가지 않아도 살만했다.

그리고 엘에이에서 산타모니카나 웨스트 엘에이에 살려면 적어도 소득이 중산층 정도는 되어야 생활을 할 수가 있다.

그렇지만 팬데믹이 닥치면서 하고 있는 사업도 중단하니 이러다가는 빚을 내어 살아야 할지 모른다.

여태껏 살아오면서 부모님들에게나 남에게 도움을 구하거나 돈을 꾸어 쓴 적 없이 살아왔다.

그러나 팬데믹 시기로 많은 사람들이 어려워지고 빚을 지고 살게 된다.

팬데믹이 언제 끝날지도 모르는데 이대로 길어지면 우리도 빚을 지게 될 게 뻔하다.

남편은 파트타임으로 베버리 힐즈에 있는 마이짐 (MyGym) 에서 태권도 사범으로 일도 하고 가끔 헐리웃 영화 프로듀서로, 영화 제작 일도 하고 있다. 몇 년 전부터 커피 사업과 CBD 사업을 시작했으나 팬데믹으로 사업 중단되었다.

그나마 온라인 마케팅(Magic Marketing) 운영을 이미 몇 년 전부터 하고 있었던 터라 계속 재택근무는 가능했다.

우리가 미국 대륙 횡단을 떠나기로 해도 이 일은 계속할 수 있어서 노마드 라이프를 선택 하는 데는 안성맞춤이었다.

컴퓨터 인터넷만 있으면 어디든 상관없이 일을 하는 디지털 노마드로 미국 전국을 다니며 업무 시간이나 장소에 구애받지 않고 일을 할 수 있고 가족들을 먹여 살릴 수 있다.

가끔 인터넷이 안 터지는 오지 같은 곳에서는 일하는 대신 가족들과 함께 시간을 보내며 자연을 벗 삼아 모험하며 스트레스 줄이고 건강하게 살 수 있다.

노마드 라이프의 매력은 이런 것이다.

미국의 캠핑장 (RV Park)은 정말 잘 만들었다.

우리 같은 가족 단위로 여행 다니는 사람들이 점점 늘어나고 있는 추세다.

팬데믹 이전에는 퇴직한 노부부들이나 스노우버드족 (Snow Bird -추운 지방에 사는 사람들이 따듯한 지방으로 와 겨울을 지내고 다시 봄이 되면 자기 집으로 돌아가는 사람들을 일컫는 말)이 캠핑카로 여행을 다니며 캠핑장을 이용하고 있었지만 요즘은 젊은 사람들이 가족 단위로 여행을 하며 노마드족으로 사는 사람들이 많아졌다.

캠핑장 종류는 참 다양한데 각 주에서 관리하는 공립공원이나 주립공원에 위치한 공용 캠핑장은 가격이 저렴한 편이고 시설도 그리 나쁘지 않고 깨끗한 편이나 성수기에는 예약하기가 쉽지 않다.

다 그런 거는 아니지만 공용 캠핑장들은 예약을 해야 하는 곳도 있고, 예약은 안 받고 먼저 도착하는 선착순 (First-Come, First -Served) 이라서 부지런한 사람, 운이 좋아야 경치 좋은 자리를 차지

할 수 있다.

캠핑장은 대도시의 근방이나 국립공원, 주립공원, 그리고 유명 관광지 주변에 있다.

미국의 모든 주는 지정된 캠핑장이 아닌 곳에 캠핑을 하는 것을 법으로 금지하고 있고 주마다 다르지만 캠핑카를 도심 내에 주차장 외, 거리 아무 데나 세워 두면 벌금을 물리는 곳도 있다.

사설 캠핑장들은 보통 멤버십으로 운영하는 사우전드 트레일 (Thousand Trails 또는TT), 패스포트 아메리카 (Passport-America), 하비스트 호스트(Harvest Hosts)… 등등 있고, 그 외 KOA 라는 제일 큰 네트워크 캠핑장을 자랑하는 사설 캠핑장, 미국 프랜차이즈이다.

저렴한 이용료부터 비싼 곳들로 가격이 천차만별이다.

캠핑장, RV 파크 시설 이용료를 내고 전기와 수도, 수호 (Sewer 하수관) 이 세 가지가 제공되는데 이것을 풀 훅업 (Full Hookups) 이라고 말한다.

수호 (Sewer하수관) 란 화장실 오수(Black Water블랙 워터) 와

싱크대와 샤워 물 (Gray Water그레이 워터) 오수를 버리는 배출 연결하여 버리는 곳, 즉 하수관을 통해 화장실 비우기를 한다.

전기는 캠핑카 크기에 따라 사용 용량이 30암페어, 50암페어로 나뉘는데 우리 캠핑카의 크기는 50암페어를 사용해야 여름에 에어컨 두 개를 쓸 수 있으며 프로판 게스로 오븐이나 냉장고 등을 사용을 할 수 있다.

게다가 공용으로 쓸 수 있게끔 수영장, 테니스장, 미니어처 골프장, 놀이터, 샤워 하우스, 빨래방 등이 갖춰져 있고, 각종 레저 스포츠, 카약이나 보트, 패들 보드 등 랜트를 저렴하게 해주어 멤버들에게 이용할 수 있게 제공해 준다.

이렇듯 미국의 캠핑장의 스케일은 웬만한 리조트보다 낫다. 사설 캠핑장들은 홀리데이에 맞춰 이벤트가 다양해서 댄스파티, 빙고, 라인댄스, 각종 게임, 페스티벌 등 다양한 프로그램으로 다른 알비어 (RVer's) 들과의 친목 도모에도 힘쓴다.

물론 값싸고 환경이 열악한 캠핑장들도 있는데, 우리 가족은 절대 그런 곳은 피한다.

물론 다 그런 것은 아니지만 아무래도 로우 클라스에 해당하는 사람들, 가령 매너가 없는 사람들, 또는 일도 안 하고 빈둥거리며 마약에 찌들어 살며 다른 사람들에게 민폐를 끼치는 사람들이 있을 수도 있어서, 가족의 안전을 위해서라도 되도록이면 멤버십으로 운영되는 사설 캠핑장으로만 다닌다.

　영화 얼마 전에 미국에서 개봉한 영화 '사운드 오브 프리덤 (Sound Of Freedom)' 영화를 보러 갔다. 이 영화는 5년 전에 이미 만들었으나 그동안 많은 세력들의 반대로 개봉이 미루어졌다가 2023년 7월 4일 미국 개봉을 했다.

　' 패션 오브 더 크라이스트 (Passion Of The Christ) '에서 예수님을 연기한 짐 카비젤이 신제 인물 팀 발라드를 연기한다. 그가 전하는 강력한 메시지가 진한 감동으로 울림이 있는, 무겁고 슬픈 영화다.

　그러나 암흑의 세계는 존재하는 현실 세계, 가슴을 울리는 영화임은 분명하다.

　이 영화는 실화를 바탕으로 만든 영화인데 전직 정부 요원 팀 발라드가 콜롬비아의 아동 인신매매범 들에게서 아이들을 구출하는 내용을 담는다.

　알레한드로 몬테베르드가 감독한 이 영화는 정치적 목적을 위해 반대파가 아동 인신매매에 일반 대중의 혐오를 동원한다는 주장도 있고 많은 이슈로 소리가 시끄럽기는 하지만 내 개인적인 소견으로는 꼭 봐야 할 영화라 생각한다.

아동 인신매매 및 소아성애자들이 이 땅에 있는 한 부모들은 불안과 공포에서 벗어 날 수 없다. 예전에 내가 말했듯이 나는 정치에 그렇게 관심을 가져 보질 않던 사람이다.

그러나 요즘 미국이 돌아가는 꼴? 을 보면 결코 안심할 수가 없다. 아동을 납치하여 인신매매범들이 존재하는 세상에서 결코 방심할 수 없다.

남편의 친구 마이클 맨더빌이 제작 프로듀서로 만든 영화 ' 테이

큰 (Taken) '을 봤었을 때도 이 영화 '사운드 오브 프리덤'을 본 지금도 상당히 충격적이고 불편하지만, 무언가를 해야 한다는 희망찬 외침이자 미국의 국경 안팎에서 실제 자행되는 악에 대해 우리 어른들은 경각심을 갖고 함께 근절할 방법을 찾아야 한다고 생각한다.

' 세상이 바뀌어 안정이 되는 그날이 언젠가는 오겠지? '…

하는 바람으로 정신 바짝 차리고 살아가는 수밖에 없다.

우리 가족은 두 딸아이의 안전과 생활의 편리를 위해 사우전드 트
레일(TT) 멤버십을 구입했다. 기본 멤버, 라이프 멤버, 앙코르 멤버
등이 있으며 목돈을 어느 정도 내고 나머지를 할부로 매달 나눠내는
방식이 있는데, 우리가 그런 방법으로 라이프 멤버십을 구입했다.

캠핑카를 타고 여행하면서 미국 전역에 있는 사우전드 트레일
(TT) 알비 파크에 정박을 하고 주로 2-3주씩 지내고 이동한다.

그러니까 우리는 캘리포니아에서부터 미국 전국을 일주 하면서
지출로 나가는 것 중에 제일 비중이 많이 차지하는 캠핑장 숙박료 걱
정을 하지 않아서 좋다.

사우전드 트레일러 (TT) 캠핑장을 이용하면 매번 따로 이용료를
낼 필요가 없다.

요즘은 우리가 이동할 때 게스(Gas) 값이 많이 올라서 경비 중 제
일 많이 드는 편이다.

언제까지 노마드 라이프를 계속할지는 아직 모르지만 2년 반 넘게
생활해보니까 아직까지 미국 전국 방방곡곡을 둘러 보고 싶은 욕심
도 있고 아직도 여행과 모험을 끝내고 싶은 생각이 없다.

몇 해만 지나면 곧 두 딸아이는 대학을 가겠지! 우리 부부는 아이
들이 원하면 언제라도 마음에 드는 미국 어느 땅이라도 정착을 할 것
이다.

솔직한 심정으로는 미국 경제가 안정을 되찾을 때까지는 노마드 라이프로 사는게 우리 가족에게는 지출 면에서는 절약이 되고 있다.

캘리포니아주의 살았을 때 보다 노마드 라이프로 사는 요즘이 그전에 살았었던 생활비의 반값 정도 절약하고 있다고 말해도 과언이 아니다.

고추장 전도사가 되다

여행을 다니면서 미국 방방곡곡 맛집도 찾아다니는 것도 할 수 있다.

그렇지만 팬데믹 시기라 식당은 투고, 테이크 아웃만 허락되고 식당 안은 개방하지 않고 야외 테이블에서만 앉아 먹는 곳이 많다.

여행하면서 미국 주마다 유명 맛집 다니는 것도 자주 할 수도 없는 노릇이다.

다른 지방에 다니면서 그 지방의 특유의 맛을 자랑하는 것을 먹으러 가는 것을 제외하고 나는 주로 캠핑장에서 홈 쿡을 하게 되었다.

인스타그램이나 유튜브 영상에는 손쉽게 만드는 홈 쿡이 아주 잘 소개되어 있다.

엘에이에서는 요리는 별로 잘 하지 못해서 주로 고기와 샐러드 위주로 식사 준비하거나 한국 마트에 가서 김치나 반찬 코너에서 사서 먹었다. 남편과 결혼해서 아이 낳고 살면서도 집에서 요리는 잘 안

했었다.

　남편도 일하고 나도 가끔 파트타임으로 마이짐에서 코치로 아이들을 가르치는 일을 할 때라 주로 밖에서 사 먹는 날이 많았다.
　우리 아이들은 도시락만 싸주면 학교에서 먹고 오니까 주로 저녁 한 끼만 신경 쓰면 됐었다.
　시댁 식구들, 직장 동료들, 친구들 만나서 식사도 잦을 때라 주로 집에서는 간단한 파스타, 고기, 샐러드 정도가 최선의 메뉴였다.

　그러던 내가 캠핑카 안의 주방 시설에서 음식을 만들어야 하는데, 메뉴를 다양하게 해보는 시도를 해보니까 음식 솜씨가 나날이 발전했다.
　팬데믹 기간 때 음식을 사 먹는 게 쉽지 않으니 홈 쿡 요리를 할 수밖에 없었다.

　이런 걸 일취월장(날로달로 자라거나 발전함)이라 하는가?, 갈수록 발전하는 요리 실력으로 이젠 김치도 잘 담근다.
　중년의 나이에 김치를 담그는 게 자랑할 거리는 못되지만 미국인과 사는 나는 김치를 사서 먹는 게 나았다.
　한국 요리뿐 아니라 월남 국수, 스시까지 만들 줄 안다.
　내 음식 솜씨가 팬데믹 이후 장금이가 울고 갈 정도로 음식 솜씨가 좋아졌다고들 가족들의 칭찬이 자자하다. (자랑 아님)
　요즘은 어떤 요리도 쉽게 할 수 있어서 음식 하는 게 즐겁다.

그래서 캠핑장에서 친해진 친구들을 초대해 한국 요리를 선보인다.

물론 한국 음식 중 불고기나 닭고기를 야채와 함께 곁들여 컵밥처럼 만들 때, 그 밖에도 제육볶음, 잡채, 김밥, 캘리포니아 롤 등이다.

캠핑장에서 만나는 이웃들과 각자 음식을 해 함께 음식을 나눠 먹으며 친해진다.

미국인들 캠퍼들이 코리안 바베큐라 부르는 갈비, 불고기는 접해봤지만 돼지 고추장 볶음 또는 제육볶음을 접한 적이 없는 사람들에겐 내가 만든 적당히 매운 정도의 한국 음식은 인기가 최고다.

한국 음식을 전혀 몰랐던 미국인들도 꽤 된다.

물론 한국 사람들이 많이 사는 서부 캘리포니아나 동부 뉴욕 같은 곳은 한국 음식 점들도 많아서 접해 본 적이 있는 미국 사람들도 많지만 아직도 한 번도 접해 본 적이 없는 사람들에겐…

내가 만든 불고기와 제육볶음은 엄지 척 올릴 정도로 언제나 인기가 많다.

매운 거를 못 먹는 사람들은 불고기를 좋아하고 매운맛을 좋아하고 잘 먹는 사람들에게 제육볶음의 매운 고추장 맛을 신세계의 맛이라 하며, 잊지 못할 맛이라고 난리들이다. 단짠단짠의 한국 음식에 반한 미국인들이 많다!.

고추장 맛은 맵지만 달달하게 만들어 줘서 그런지 다들 '이것은 뭘로 만드냐?'

'어디서 살 수 있는지?' 묻는 이들이 많아졌다.

그래 미국에서 아마존으로 쇼핑하면 누구나 구할 수 있는 것이다.
이래서 나는 고추장 하나로 인기 짱! 이 되었고 여행 다니며 만나는 사람들에게 한국인들의 자랑 맛인 고추장을 소개해 주는 고추장 전도사가 되었다.

캠핑카에서 생활할 때 우편물을 어떻게 배달 시키는지 궁금해하는 사람들이 많다. 온라인으로 물건을 구입해도 캠핑장의 사무실에 배달되는 곳도 있고 내가 머무는 캠핑장 사이트에 직접 배달이 되기도 한다. 가끔은 중요 우편물 같은 것은 그 지역 우체국 주소로 제너럴 딜리버리라고 이용해 해당 우체국 주소를 적어 내면 그곳으로 배달이 된다. 그 후 물건 배달이 도착했다는 문자를 받으면 직접 찾으러 가면 된다.

캠핑카 풀타임 리빙 알비어들과 음식 나눠 먹으며 친목을 도모할 때마다 한국 음식을 선보이는 게 재미도 있고 맛있게 먹어주는 이들을 위해 요리하는 게 새삼 행복하다.

미국 캠핑장 이용 꿀 팁

우리가 여행 다닐 때 주로 알비 파크, 캠핑장 이용은 주로 사우전 드 트레일 (TT) 멤버들이 이용하는 캠핑장으로 정하는 편이지만 미 국 중부 지방 쪽은 사우전드 트레일 캠핑장이 많지가 않다.

그럴 때는 다른 캠핑장을 이용한다.

이 멤버십은 콘도나 골프장 멤버십 살 때처럼 세일즈 담당자와 본 인의 버짓에 맞게 보증금처럼 목돈을 내고 나머지는 할부금을 내면 서 멤버십을 구입하면 된다.

페스포트 아메리카 (PA) 멤버십 캠핑장을 이용할 때는 주말은 디 스카운트 적용이 안되고 주중엔 50% 할인 가격으로 지낼 수 있어서 하루에 약 40-60불 정도 내고 이용할 수 있다.

페스포트 아메리카 멤버십은 연회비 44불씩 내고 멤버십을 통해 캠핑장 이용할 때 성수기를 제외하고는 그 캠핑장의 원가격의 50% 할인 혜택을 받을 수 있다.

단체 캠핑도 가능하고 케빈, 카리지등 시설도 이용할 수 있으며 미국의 사설 캠핑장들은 시설과 서비스가 좋아서 웬만한 모텔, 호텔보다 나은 곳도 많다.

분닥킹 (Boondacking)이라 하여 풀 훅업을 하지 않고 전기 또는 물, 하수도를 연결하지 않는 것을 의미한다. 드라이 캠핑 또는 무료 캠핑이라고도 한다.

어디에서 든 아웃 도어에서 파킹을 하고 지내는 야생 캠핑이라고 부를 수도 있겠다.

캠핑 금지 지역만 빼고는 캠핑 가능한 지역에서 정박하고 지낼 수 있다.

대형 마트나 쇼핑몰 같은 곳의 주차장도 미리 허가받으면 무료로 하룻밤 정박하고 이용 가능하다. 분닥킹 할 때는 대형 마트 관계자에게 문의하여 오버나잇 파킹 가능 여부에 대해 물어본 후 이용 가능하다.

미국 전역에서 프랜차이로 운영되고 있는 KOA 사설 캠핑장 도 있다. 이곳은 연간 36불로 회원가입해 일일 등록 룰 포인트 적립 500 KOA 이상이면 10% 할인 혜택과 적립 포인트 적용해 특별 가격으로 이용할 수 있다.

회원 등급은 기본, 보너스, VIP 등 세 가지가 있다.

하비스트 호스트(Harvest Hosts)는 연회비 멤버십이 75불씩인데 대부분 개인 사업가들이 자기들의 주된 목적인 매출을 올리고 자기네 사업의 인지도를 높이는 목적으로 하룻밤 무료로 정박하게 해준다.

주로 와이너리, 농장, 목장, 골프장 등등이 있는데 어디든 오다 가다 먼 길 가는 여정이 있을 때 하룻밤 들러서 쉴 수 있고 농장 같은 데서 구경도 하고 농작물도 구입하기도 하고 와이너리에서는 와인도 무료로 시식하고 좋은 와인도 골라서 구입하기도 하고 선물도 할 수 있어서 좋은 거 같다.

한번은 골프장에서 분닥킹 하면서 하루 머물렀는데 너무 기억에 남는다.

골프장 카트 타고 가는 길을 자전거를 타기도 하고 저녁노을을 구경하며 18홀을 남편과 손잡고 산책도 할 수 있고 새벽에 남편과 부부 골프 라운딩도 할 수 있어서 너무 좋았다.

이렇게 다양하게 경험할 수 있는 미국은 가는 곳곳 캠핑장 시스템이 잘 갖춰져 있어서 우리 가족에겐 자연 속에서 여가 생활도 즐길 수 있고 여행과 모험을 즐기며 살게 해 주는 고마운 캠핑장 들이다.

여행 중에도 최대한 규칙적인 생활 지키기

특히 코비드 시대에 집안에서 갑갑하게 지내는 시기에도 우리 가족들은 여행과 모험으로 일상이 더 활력 있고 생기가 생겼으며 가족들 사이가 더 두텁고 가까워졌다.

사실 엘에이에서 살던 집을 정리하고 떠날 때 만 해도 우리 아이들은 팬데믹 시기라 친구들도 못 만나고 학교도 못 나가는 상황이라 우울해하거나 감정 기복이 심해서 부모랑 대화보다는 온라인 컴퓨터 가상 세상에서 빠져 사는 거 같았다.

우리 부부는 두 딸아이들과 대화도 자주 하는 편이었는데도 그 당시엔 온라인 수업을 핑계로 슬슬 각자 방에서 잘 나오지 않으려 했고 십 대들의 반항기가 약간 슬금슬금 고개를 들고 있었다.

그래서 여행을 떠나 함께 고민하고 경험하고 소통하며 살아가는 삶을 택하니 점점 나아지고 변해간다.

두 딸아이는 이렇게 사춘기의 방을 뚫고 나왔고 노마드 라이프로 살아온지 2년 반 넘는 지금은, 케이시는 15세, 케일라는 17세가 되었다.

감정의 폭풍을 겪는 시기, 즉 질풍노도의 시기, 사춘기는 무사히 잘 지나가고 있다.

본인 스스로가 규칙적인 생활을 하려 노력하고 시간을 잘 활용하며 공부도 더 잘하고 여가 시간에 자기가 잘할 수 있는 걸 하면서 행복한 소녀들로 성장 중이다. 너무나 고맙게 잘 자라주고 있다.

큰애 케일라는 단아하고 조용한 성격이고 책 읽는 걸 좋아하는 딸이다. 학업도 열중해 우수한 성적을 유지하고 패션 디자인에 관심이 있어서 재봉틀을 선물로 미리 사줬다.

큰딸아이가 토드백을 만들어서 얼마 전 5월 어머니날에 선물로 줬다.

정말 감동의 쓰나미가 몰려온다.

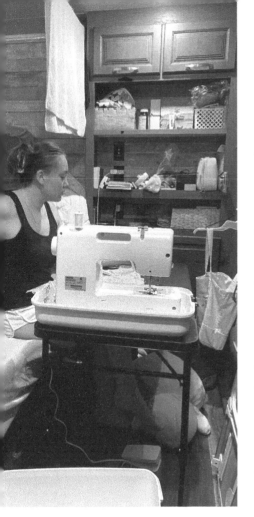

막내 케이시는 우리 집의 코미디언, 유머러스하다. 비타민 같은 존재다.

홈스쿨링으로 수업이 끝나면 친구들과 알비 파크에서 수영도 즐기고 각종 게임도 하며 특히 그림 그리는 솜씨가 좋다. 독학으로 배웠는데 전문가 수준이 되었다. 그림 그린 것을 인스타그램에 올리면 그림 사겠다는 사람도 종종 생겨날 정도다. 유머감각이 뛰어나고 성격이 좋으니 친구들 사이에서도 인기가 많다.

두 딸아이들은 자기가 좋아하는 걸 스스로 터득해 배움을 게을리하지 않았던 것은 아마도 여행을 통해 영감을 얻고 시야도 넓어져서 표현하고 싶어서 일 게다.

우리 가족은 규칙적인 생활을 하려 노력한다. 사실 처음부터 잘 규칙적인 생활을 했던 건 아니었다. 처음 일 년 정도는 여행하다 보니 홈스쿨링 스케줄도 엉망으로 잘 안 지켰다.

시간 조절에 실패하여 인터넷이 안 터지면 그냥 여행지를 다니며

놀기에 바빴다.

여행과 모험에만 집중되어 규칙적으로 생활을 못했다.

한 일 년 정도는 시행착오를 겪었고 지금은 시간을 효율적으로 잘 조절해서 여행이나 이동하는 날엔 특별히 하고 싶은 것 위주로 하고, 캠핑장에서 정박해서 약 3주씩 머물 때 주중엔 각자 자기 본분의 일을 충실히 하고 주말에는 원 없이 놀게 한다.

남편은 온라인 마케팅 일을 하고 나는 유튜브 영상 편집이나 글쓰기를 하며 말 그대로 우리는 매 순간을 즐기고 있다.

주말에는 주로 가족끼리 자유롭게 그 지역을 탐색하고 여행하며 많은 걸 경험하고 최대한 규칙적으로 생활하려고 한다.

3주마다 계속되는 리셋

리셋 (Reset) 은 초기화라는 뜻으로 컴퓨터가 고장 났을 때 리셋을 하면 새로 시작한다.

우리 가족은 여행을 통해 시야도 넓어져 마음이 통하는 진정한 친구도 사귀게 된다.

길을 떠나 이동할 때, 여행 자체가 리셋 모드이다.

이게 매력 포인트다! 여행과 모험으로 다양한 체험도 하지만 다양한 사람들을 만나고, 공간도 리셋! 하고 인간관계도 리셋! 한다.

우리는 캠핑장에서 2-3주 정도 지내고 다음 여행지로 이동한다.

사우전드 트레일 멤버십을 이용할 때 기본 멤버십 보다 좀 업그레이드된 앙코르 멤버십을 샀던 이유가 미국 전역에서 이 회사 사설 캠핑장이 있어서 미국 전 지역에서 이용하기 쉽기 때문이다.

앙코르 멤버십은 보통 그 캠핑장에서 3주씩 머물 수 있는 룰이 정해져 있어 보통 3주 정도 머물고 다른 지역 캠핑장으로 이동하고 있다.

그 캠핑장에서 더 연장하고 머물고 싶어도 일단은 3주 후엔 잠시 다른 곳에 나갔다가 다시 예약하고 와야 한다. 그래서 3주마다 리셋을 하는 이유다.

3주가 흘러 다른 곳으로 이동하기 전날에 짐 정리를 대충 해놓고 잔다.

알비파크, 캠핑장은 보통 입실 시간은 캠핑장마다 좀 다르지만 보통 1-3시 이후면 체크인 (입실)이 된다.

만약 캠핑장 사무실에 일하는 사람들이 퇴근하고 없는 오후 5시 이후에 고객이 도착하는 경우에는 사무실 우편함에 예약자 이름으로 지도와 사이트 번호, 캠핑장의 이용 시설 카드나 사용 안내서 등을 봉투에 넣어 우편함에 놔둔다. 물론 늦게 캠핑장에 도착할 경우는 미리 전화를 해 두는 게 안전하다.

간혹 연락을 깜빡하고 안 하고 갔다 가는 캠핑장 게이트가 안 열려 꼬박 캠핑장 밖에서 길에서 자야 하는 경우가 생길지도 모르니 미리 전화로 도착 시간을 알려 주고 양해를 구해 놓는 게 안전하다.

그래서 입실이 늦어지게 되더라도 예약만 확실히 되어 있으면 늦게 도착해도 입실이 가능하고 풀 훅업, 셋업을 할 수 있다.

인기가 많은 곳은 3개월 또는 6개월 전부터 예약을 해야 되므로 성수기 때는 부지런해야 캠핑장을 잡을 수가 있다.

특히 우리 가족처럼 풀타임 알비어 (Full Time RVer's) 들에겐 스케줄을 잘 짜서 예약을 부지런히 해 둬야 하므로 나와 남편은 6개월전 부터 우리가 지낼 캠핑장들을 미리미리 예약을 해 둔다. 가끔 친구들과 같은 시기에 같은 캠핑장을 스케줄을 맞춰서 만나기도 한다.

미국 전역 50개의 주가 우리의 약속 장소가 된다. 바꿔 말하면 우리의 약속 장소는 그만큼 광범위하다.

성수기 땐 특히 여름 방학 때 6, 7, 8월 또는 겨울 방학 때 12, 1, 2월은 성수기라 예약을 미리 잘 해 두어야 한다. 체크아웃 (퇴실)은 보통 11시이며 성수기 때늦게 퇴실하면 벌금을 물려야 하는 경우도 있다.

보통은 그 지역에서 3주 정도 지내다 보면 살림살이가 늘어난다. 우리 가족은 물건을 살 때 규칙 룰을 만들었다. 남편을 제외하고 우리는 여자 셋이다.

여자인 나도 가끔 딸들을 데리고 쇼핑을 나가면 늘 필요하지는 않지만 구매 욕구가 마구 솟구친다.

우리 여자들 셋이 옷과 신발, 가방 등을 살 때 늘 고민 한다…

하나를 구입하면 뭔가 하나는 반드시 내버려야 하는 게 우리 집의 규칙이다.

2021년부터 여행하며 2년 반이 넘으니 두 딸아이들이 그동안 키가 쑥쑥 커서 둘 다 내 키를 훌쩍 뛰어넘어서더니 딸 둘 다 170 센티미터가 넘어섰다.

우리 집에서 아담 사이즈가 된 나도 내 키가 절대 작은 키가 아니지만 우리 딸들과 있음 한없이 귀여운 사이즈가 되어 버린다.

한 두어 달이 좀 지나서 금세 또 애들의 옷과 신발을 사주어야 한다. 성장기 틴에이저들이다 보니 쇼핑 다녀온 후에는 머리를 쥐어짜야 한다.

그래서 우리 캠핑카의 옷장 서랍은 늘 버리고 채우기를 반복한다.

앞에서 말했듯이 캠핑카는 미니멀리즘을 사는 사람들에게는 최적합한 장소이다. 공간의 한계가 있으니 물건이 늘어나면 꼭 뭔가를 하나는 버리게 된다. 그래서 우리 집의 규칙이 ' 하나를 얻으면 하나는 내놓아야 한다!'니까…

"'고민이네 이거? 비슷한 거 그전에 샀지만 이것이 더 실용적인데?"

"이것도 필요한데…어떤 걸 버려야 하지?

"엄마, 이거 하나 사면 하나는 공짜래!"

틴에이저들 한창 클 나이라 한 달이 멀다 하고 키도 자라고 발 사이즈도 커진다.

"엄마, 저도 이 신발도 필요하고 저거 샌들도 사고 싶어요"

한창 멋 부릴 나이인데 그런 애들 눈에 얼마나 사고 싶을까?

"너희 방에 네 서랍에 넣을 자리 있어? 어디에 넣을 건데?"

눈 지그시 감고 흔들리지 말자 다짐한다.

"어쩌니? 엄마도 사주고 싶다. 그런데 어디에다 넣을래?"

그렇지만 넣을 공간이 정해져 있으니 할 수 없다.

" 애들아 우리 집에 룰 알지?"

그래 규칙은 규칙이니까… 고민하다가 단호히 말한다.

"알았어요" 애들도 아쉬워하면서도 단념하고 만다.

아이들에겐 좀 미안한 마음도 있지만 우리 집, 아니 캠핑카에 제한된 공간에 다 들어가야 하니까 꼭 필요한 물건 만 사는 소비 습관을 가지도록 우리는 노력해야 한다.

펼쳐 놓고 쓰다 가도 내일 이동하는 날이면 정리 정돈해서 제자리에 넣어야 하기 때문에 남은 음식들 처리와 설거지를 해서 서랍과 창고에 제 자리로 넣어준다.

장을 본 식재료들도 정리 정돈을 해서 푸드 컨테이너에 잘 넣어두고 그릇들, 냄비들, 컵들, 에어 프라이기, 쿠첸 밥통 등 주방 용품

들도 카운터에 나와져 있던 것들은 모두 제자리 지정된 곳! 각자 자기의 자리가 있다.

우리 가족들도 제각각 할 일들도 분담되어 있다.

나는 주로 주방 살림 살이 정리를 하고 두 딸아이는 자기들 방… 침대와 옷가지들 신발, 책들 등 자기네 방 정리를 하고 남편은 컴퓨터와 프린터 기기 등 일할 때 내놓고 쓰던 것, 사무 용품들을 주로 정리 정돈한다.

캠핑장에서 친해진 친구들과 이웃들에게 작별 인사를 하고 또 만날 것을 기약하고 가끔 스케줄을 서로 공유해 같은 장소에서 또 만나는 친구들도 생기기 때문이다.

이동하는 당일 아침엔 나는 이동할 때 먹을 간식이나 간단한 도시락을 싸고 남편과 아이들은 풀 훅업 한 전기, 수도, 하수관 연결했던 것들 해체한다.

전기코드나 배수관 호수 등도 다 빼서 제자리에 넣는 곳에 넣고 그런 다음, 어닝 및 확장 슬라이드들도 다 제자리로 넣는다.

5휠 캠핑 트레일러와 픽업트럭에 히치 연결한 후 출발!... 다음 목적지로 향한다.

3주마다 이런 강제? 정리 정돈을 하게 되니까 떠나는 날 분주하지도 않고 여행 떠나는 마음가짐도 새롭게 리셋이 된다.

새로운 여행지에서 그곳에서 사는 사람들이 어떤 모습으로 살아가는지, 그 지역의 역사와 가 볼 만한 곳을 둘러보며 새로운 경험을 하면서 행복의 가치를 느낀다. 이 얼마나 행복한 라이프 스타일인가…

혹독한 추위 조차 낭만적인 루이지애나주의 뉴올리언즈 도시

    미국 남부에 있는 루이지애나주는, 텍사스를 떠나 우리가 향한 다음 여행지이다.

    한때 프랑스 식민지였던 루이지애나는 유럽의 영향을 받아서 다양하고 풍부한 문화가 공존하는 곳이다.

    깊숙이 흐르는 미시시피강이 흐르고 남미의 유럽 식민지들과 만나 교역의 통로인 멕시코만이 섞인 이곳! 수많은 축제가 열리는 것 중 가장 유명한 축제 마디 그라 (Mardi Gras)는 화려한 음악과 문화가 돋보이는 곳이기도 하다.

    남편은 마디 그라 축제를 경험해 봤다며 자랑을 한다.

    팬데믹 시기와 혹독한 겨울이 닥쳐와 그런 화려한 축제나 다양한 째즈 음악과 풍부한 음식은 경험은 못했지만 이다음에 꼭 다시 찾아가기로 다짐했다.

뉴올리언즈는 루이지애나주에서 가장 큰 도시이다. 미 대륙의 토착 원주민의 면화 생산 및 동물 가죽을 교역하면서 이때 아프리카 노예 무역의 중심지가 되었다. 이때 흑인들의 슬픈 선율이 담긴 재즈가 탄생해 오늘날 재즈의 본고장이라 부르게 되었다.

또한 유럽인들이 금광을 캐려고 몰려들 들어와 유럽풍 스타일이 아직까지 남아 있다.

우리가 방문할 때가 난데없는 한파가 몰려와 아침에 캠핑장의 수도관이 동파되었고 땅이 얼어서 살얼음 판이었다.

그래도 우리는 두터운 패딩과 장갑과 털모자로 완전히 무장한 채 프렌치 쿼터에 들러 프랑스풍의 거리와 세인트루이스 대성당, 잭슨

스퀘어 등을 둘러보러 거리 구경에 나섰다. 정말 살을 에워싸는 칼바람이 불었다.

남편이 어렸을 때 뉴올리언즈에서 잠시 살았었다 한다.

남편이 어릴 때 어머니와 아버지가 이혼을 하셔서, 홀로된 어머니를 따라 이곳에서 살았었을 때, 기억에 남았던 카페 드 몽(Café Du Monde) 에 들러 잠시 추억의 비네 (Beigmet)를 맛보기도 했다.

다행히도 영업은 하고 있었지만 실외 테이블만 제공되어 카페 안은 들어가 보지는 못했다.

왠지 한국의 포장마차 분위기가 떠오르는 거 같아 내 기분이 좋아진다.

그래도 그렇게도 남편이랑 우리가 먹어 보고 싶은 비네를 영접할 기회가 있다는 것만으로도 감사해야 했다.

그때 추위에 떨며 먹었던 비네와 따뜻한 커피와 핫 코코아는 지금도 생각하면 군침이 돌 정도로 기억에 남는다.

세인트 카톨릭 대성당 앞 광장, 때마침 거리에서 펼쳐지는 결혼식이 진행되고 있다.

이 칼바람을 이겨내고 웨딩 마치를 하는 광경을 보면서 그 커플들이 검은 머리 파뿌리가 되도록 잘 살기를 마음속으로 빌어 주었다.

부두교 박물관에 들러 부두의 아프리카 디아스포라 종교와 관련된 신비로운 역사와 그들의 민속을 잠시 엿보기도 했다.

부두 (VooDoo)란 소울(Soul) 또는 스프릿 (Spirit) 영혼을 뜻한다.

부두 박물관에는 전통적인 아프리카 종교의 영향을 받은 종교로 마법, 영혼 그리고 죽은 사람들과 소통하려는 시도 등 섬뜩한 인형과 해골, 동물들의 형상과 각종 의식 도구들이 전시되어 있다.

박물관 외관은 약간 일반 가정집 같이 되어 있는데 입장료는 착한 가격이 아닌 듯하다. 좁은 하우스를 구경하면 한 20-30분 안팍이면 다 볼 수 있을 정도로 작다.

박물관 입장료 치고는 좀 아깝다는 생각을 했지만 뉴올리언즈 에서나 볼 수 있으니까 한 번쯤은 관람해도 좋을 듯싶다.

미국땅 어디까지 밟아 봤니?

환상의 겨울을 만끽할 수 있는 곳 플로리다주!

이제는 추운 날씨는 그만! 이젠 따듯한 지방으로 어서 떠나자! 온화한 겨울 날씨를 자랑하는 플로리다주는 마이애미, 올랜도, 키웨스트 등 너무나 유명한 휴양지로 볼거리가 풍부해 꼭 가고 싶은 곳으로 손꼽는 곳이다.

그러나 여름은 우기로 6-11월 상당히 길고 습하며 더운 날로 비가 많이 온다.

천둥 번개가 자주 일어나고 평균적으로 여름 내내 소나기처럼 쏟아진다.

겨울에 따듯한 날씨를 자랑해 가장 인기 있는 곳으로 추운 지방에서 사는 은퇴자(스노우버드족)들이 겨울 내내 지내다가 봄이면 되면 자기가 살던 지방으로 되돌아간다.

올랜도는 플로리다 중부에 있으며 12개 이상의 테마파크가 있다.

디즈니 월드, 씨월드, 유니버셜 스튜디오, 워터파크, 매직 킹덤과 엡콧 파크… 등 어린이를 포함해 어른들도 즐겨 찾는 아주 흥미로운 곳이다.

플로리다주에서 가장 인구가 많은 마이애미는 항구 도시이자 관광 및 상공업 도시로 유명하고 히스패닉 문화와 쿠바의 문화를 느낄

수 있다.

또한 마이애미 항구는 미국에서 가장 유명한 크루즈 터미널이자 대형 화물선들이 오가는 중요한 항구이기도 하다.

영화에서도 자주 나오는 장면이 떠오른다.

마이애미비치는 늘 생동감이 넘치고 하얀 모레 위에 널브러져 있는 사람들로 가득 차 있고 햇볕에 그을린 까무잡잡한 피부를 자랑하듯 가벼운 옷차림과 수영복 차림의 사람들로 붐빈다…

비가 오고 습한 여름에는 관광객이 많이 몰리지는 않지만, 겨울에는 미국인들에게 최고의 겨울 휴양지로 꼽는다

우선은 환상적인 날씨를 누리고 싶은 3월~5월이니까…

플로리다주를 방문하실 분들은 11월부터 5월까지 방문하면 쾌적하고 기분 좋은 날씨를 만끽할 거라 믿는다.

우리 가족은 드디어 플로리다주에 입성했다. 일단은 베로 비치에 가서 그동안 팬데믹으로 못 만났던 가족을 만나러 간다.

시어머니와 형님 네가 살고 있고 우리가 캘리포니아주에서 이삿짐을 보냈었던 우리의 살림살이들이… 스토리지 창고가 있는 곳이다.

남편은 엘에이에서 이삿짐을 보낼 때 우리가 직접 갈 수 있는 여건이 안 되니까 시어머니와 형님에게 부탁을 해야만 했었다.

다행히 플로리다주는 이삿짐센터들이 영업을 하고 있어서 인부들을 고용해서 우리의 짐, 4개의 컨테이너들을 스토리지 (창고)로 옮겨 달라고 부탁을 했었다.

매달 렌트비를 주고 냉방 설비가 갖추어져 있는 스토리지에는 우리 가족 구성원들의 추억이 담긴 우리의 물건들이 저장되어 있다.

그동안 추운 겨울을 견디게 해준 두꺼운 옷들은 잠시 스토리지로 옮겨 두어야지. 겨울 날씨와 봄이 제일 좋은 3월부터 5월까지는 플로리다주에서 지낼 것이기 때문이다.

일단 우리가 머물 곳 베로 비치의 있는 사우전드 트레일 멤버십 캠핑장에 정박해서 3주를 지낼 것이다.

시어머니 집에서도 10분 거리라 손녀들이나 아들과 며느리를 보러 자주 오셔도 된다.

보고 싶었던 손녀 딸들을 보신 어머니가 조심스레 제안하신다.

"여행 피로도 풀고 그동안 어디 어디 여행했는지 할머니한테 들려줄 겸 케일라와 케이시는 할머니 집에서 며칠 지내면 어떨까?" 우리 부부는 아이들의 표정을 살폈다.

"좋아요, 할머니"

"저도요! 보고 싶었던 할머니랑 시간 많이 보내고 싶어요"

"할미도 기분 좋아! 너희들 방 구경시켜 줄게, 어느방이 맘에 드니?" 아이들은 할머니를 따라 자기가 묵을 게스트 룸을 둘러보러 간다.

사실 우리 부부는 엘에이에서의 나쁜 사고 기억 때문에 아직 트라우마가 있어서 쉽게 딸들을 친구 집에서 슬립 오버를 하거나 친척 집에조차 보내지 않았다. 그런데 친할머니와는 상황이 다르다.

케일라와 케이시가 펄쩍 뛰면서 좋아할 줄이야…

믿고 맡길 수 있는 든든함으로 나와 남편은 안도의 숨을 쉬었다.

시어머니는 홀로 연년생의 아들 둘을 키우신 강인 한 어머니 시다.

시어머니는 뉴멕시코에서 수 십 년 사시다가 코비드 시기가 막 터질 즈음 큰아들이 살고 있는 곳 플로리다로 이주하셨다.

어머니도 플로리다 따듯함에 반하셔서 작은 아들 가족들인 우리까지 플로리다주로 이주를 하길 바라 오셨다.

우리 가족도 시어머니와 형님 네와 가까운 곳에서 모여 살기를 바랐던 차라 기회를 보던 차였었다.

그러다 우린 이주 결정은 보류하고 캠핑카 타고 여행과 모험을 하기로 노마드 라이프를 선택했지만 만약에 정착하려고 마음먹는 그날이 오게 되는 날에는 아마도 플로리다주? 가 될지도 모른다.

만약에 미국 50개 주를 곳곳이 여행 다니다가 더 마음에 드는 곳이 생긴다면 그때 가서 어떤 결정을 하게 될지… 그때 가봐서 선택하련다…

즐거운 가족 상봉으로 시어머니와 형님 네와 자주 왕래하면서 못다 한 회포를 풀기로 하고 플로리다주에서 꼼꼼히 다 들러 보기로 했다.

시어머니와 형님 네가 준비한 맛나는 식사와 즐거운 시간을 보낸 뒤 케일라와 케이시는 할머니 집에서 며칠간 지내기로 했다.

물론 엄마 아빠가 머무는 캠핑장도 10분 거리에 있으니까 왕래하면서 베로 비치에서 지낼 것이다.

두 딸들이 할머니 집에서 당분간 지내기로 한 덕분에 우리 부부는 오랜만에 와인 한잔하며 늦은 밤까지 영화를 보며 데이트를 즐겼다.

"악어 보러 가자!" 플로리다에 오면 악어 농장은 꼭 가보고 싶었다.

세인트 어거스틴(St. Augustine) 악어 농장을 방문해 악어들에 대해 배워보고 살아오면서 본 파충류들 다 모아봐도 이때 난생처음 제일 많은 악어들을 봤다.

코모도 드래곤 악어는 먹잇감을 사냥할 때 독이 있어서… 물리면…퀙!

마비되어 움직이지 못하다가 그만 코모도에게 잡혀 먹힌다.

우리나라 말에는 악어를 표현하는 단어가 하나밖에 없다.

그러나 미국 말에는 알리게이터 (Alligator), 크로커다일 (Crocodile), 게이토(Gator) 등 다양하게 부른다. 알리케이터는 코가 둥글고 민물에서 산다.

한국말에서 악어 하면 크로커다일로 많이들 부른다.

크로커다일은 코가 뾰족하게 날카로운 악어로 소금물 (바닷물)에서도 살수 있다.

우리는 악어 농장에서 다양한 파충류들에 대해 공부도 했지만 그날 그날 배웠던 것들을 아이들에게 퀴즈를 내고 잘 맞히면 거기에 대한 상금이나 소원을 들어 준다.

재미있게 배우고 아이들에게도 소소한 기쁨일 테니까…

세인트 어거스트 말고도 플로리다주에서는 악어 농장이 몇 군데 더 있다.

이번에는 플로리다주 마이애미 남서쪽에 위치한 악어 떼들을 보러 에버글레이즈(Everglades)를 방문했다. 키웨스트 섬에서 가깝기에 그쪽으로 여행 가면서 들렀다.

이곳에서 에어 보트를 타고 야생 악어들의 늪지대를 달려 보는데, 이런 경험은 정말 짜릿하고 신이 난다.

보트는 늪지대 (Swamp)를 가르며 달리는데 엄청난 소음으로 귀마개 헤드폰을 꼭 착용해야 한다.

실제로 야생 악어들이 바로 코앞에서 헤엄치는 곳을 에어 보트를 타고 지나는 짜릿한 경험도 오금이 절이긴 했지만 너무나 재미있다.

"악어들이 파란색을 좋아해요! 파란색 옷을 입은 분들 조심하시길!" 짓궂게 에어 보트 선장이 관광객들에게 소리친다.

" 나한테 악어가 가까이 오면 어떡해?"

그날따라 입은 옷이… '왜 하필 파란색이람??'

보트 타는 내내 짜릿하면서도 내심 쫄았다 사실! 그야말로 내 심장은 쫄깃쫄깃했다.

　나는 너무 징그러워서 만지지는 못했지만 이곳에서는 새끼 악어
들의 입을 테이프로 고정시켜 놓고 안아서 만질 수가 있다.
　만약에 파충류에 대해 징그럽다는 생각이 안 드는 분들은 오감 자
극을 위해 꼭 만져 보는 경험도 좋을 거 같다.

몰스 가족과의 만남

몰스 가족 브랜든과 엠버 부부와 제이든, 허드슨, 브리튼, 코엔 이렇게 6명의 가족이 우리와 같이 풀타임 알비어로 우리 가족보다 약 6개월 일찍 이런 노마드 라이프를 해 온 가정인데 엠버는 출장 간호사로 일을 하고 남편 브랜든이 4명의 아이들을 케어하면서 생활을 한다.

코비드 시기가 한창 일 때라 간호원이 부족해서 엠버처럼 간호 자격증을 가진 사람은 특히 부르는 곳으로 직접 출장을 와주는 간호원들은 대우도 훨씬 좋고 페이도 훨씬 많아서 여러 혜택이 좋다.

남편이 살림을 전담하고 아내가 밖에 나가 일을 하는데 보기 드문 가족이다.

같은 또래 아이들과 마음 맞는 친구들을 만나기는 정말 귀하다. 특히 우리 딸들과 나이가 똑같고 성격도 맞는 친구를 만나게 되어서 너무 감사하다.

비슷한 환경과 가족 전체가 잘 맞는 가족은 더 그렇다.

몰스 가족은 엠버가 병원에 파견 근무를 하게 되는 지역에서 보통 3-6개월씩 지내며 이동을 하는 편이라 한 캠핑장에서 장기 렌트를 하고 지낸다.

아이들은 함께 비가 엄청 내리는데 수영장 물에 뛰어들기도 하고 천둥 번개로 위험할 수 있어서 금방 쫓겨났지만 아이들은 마냥 행복해 했다.

바퀴 하나로 균형 잡으면서 전동 스케이트 보드 원휠을 타는 걸 가르쳐 주면서 친해진 몰스 가족들에게 나는 정성껏 준비한 한국 음식을 선보인다.

역시 고추장 양념을 한 제육볶음과 불고기!

몰스 가족에게 소개를 했는데 브랜든과 큰딸 제이든은 한국의 고추장 맛을 처음 접하는 신비로운 맛이라 평하며 남김없이 먹어 치웠다.

함께 음식을 나눠 먹고 난 후 아이들은 우리 캠핑카에서 함께 영화를 보고 어른들은 브랜든과 엠버의 초대로 그들의 캠핑카에서 와인 한 잔씩 하면서 그동안 여행 다니며 가장 인상 깊었던 곳이나 또 가고 싶은 곳,

앞으로 어떤 계획을 가지고 있는가 등등 서로 공유를 하며 즐거운 어른들의 수다로 웃음꽃이 피었다.

몰스 가족은 풀타임 알비어에서 보트에서 생활하며 바다에서 살아 볼 예정이라고 한다.

풀타임 세일링 패밀리 (Full Time Sailing Family) 가 소원이라고 하면서 곧 브랜든은 보트 선장한테 직접 가서 몇 개월 훈련을 받을 거라고 말하면서 계속 소식을 전하자고 약속했다.

(실제로 그들은 보트에서 생활하며 미국 전역을 여행 중인데 현재 2년이 되었다.)

우리 가족은 그들과 짧지만 강한 인상을 서로 주고받아서 앞으로도 계속 인연을 이어 나갈 거 같다.

이런 노마드 라이프의 매력은 시간이 지나면 지날수록 매력에 푹 빠지지 않을 수가 없다.

적어도 이런 생활이 맞는 사람들에게 그렇겠지만 몰스 가족이나 레넌 가족처럼 말이다.

몰스 가족이 우리 가족에게 키웨스트는 꼭 가봐야 한다고 추천을 해줬다.

따듯한 겨울 해변과 삶과 철학을 음미하는 곳 키웨스트 섬

에머럴드 빛의 해변을 113마일 (181 킬로미터)에 걸쳐 섬 (Keys) 과 섬을 이어지는 도로는 오버시스 하이웨이 (Overseas Highway) 로 U.S. 1번 국도를 달리게 되는데 마치 바다를 가르며 지나가는 기 분이 들 정도로 양옆으로 펼쳐지는 산호초와 에머럴드의 초록 빛깔의 바다는…

정말 말로 표현할 수가 없을 정도로 아름답고 지상 낙원 같은 섬이란 생각이 들었다.

섬 (Keys) 겨울에는 한창 성수기로 플로리다주의 키웨스트 (Key West)는 가장 바쁘고 값비싼 계절이다.

사설 캠핑장들도 자리 잡기가 힘들어 겨울 인파가 좀 빠지는 시기 3-5월 가는 걸 추천한다. 우리가 머문 피에스타 캠핑장은 사우전드 트레일 멤버십으로 이용 가능하고 하루에 25불씩 추가 요금이 붙는다.

우리 가족이 키웨스트 섬에 간 시기가 3월이라 허리케인 걱정도 없어서 마음이 놓였다.

그래도 가끔 천둥 번개를 동반하는 비가 가끔 내리는데 우리가 키웨스트에서 떠나 베로 비치로 가려는 찰나 앞이 안 보일 정도로 비가 내려서 비 그칠 때까지 기다렸다가 운전해야만 했다.

하필이면 수호 정리와 전기 코드 등 해체할 때 비가 갑자기 쏟아지는 바람에 가족들 모두가 홀 딱 비에 젖은 생쥐 꼴이 되었다. 이 또한 잊지 못할 추억이다.

플로리다주는 다 좋은데 허리케인 시즌 (6월부터 11월까지) 이 있다.

메이저급 허리케인 이안 (2022년 9월)으로 엄청난 인명 피해와 재산 피해가 있기도 했다. (강력한 허리케인이 빈번한 기후만 아니면 플로리다주도 살만한데 이곳에 정착하고 살 마음은 점점 멀어지는 거 같다.)

마치 한국의 장마철 비슷한데 계속 하루 종일 오는 것이 아니라 소나기처럼 한차례 지나고 햇빛 쨍 하는 날이 거의 매일 반복되는 거 같다.

휴양지로 몰려드는 관광객을 피해 일부러 사람이 붐비지 않는 때를 골라 키웨스트를 여행을 하니 한적 하니 너무 좋았다. 또 오고 싶다. 아니 또 와야지!

캠핑장도 바다 바로 앞이라 바다 수영도 할 수 있고 패들보드, 스노클링,

카약, 카누, 제트 스키 등 즐길 수 있는 게 너무나 많은 곳이다.

이곳에서 친구들도 많이 사귀었다. 제리와 메디슨네 가정인데 이들도 노마드 라이프를 즐기며 산다.

몰스 가족 다음으로 우리 가족들과 연락하며 지낸다.

이곳에서 우리 가족처럼 틴에이저들과 함께 풀타임 알비어들도 만나고 현재까지 2년 넘게 연락하며 친분을 이어져 오는 친구들을 그때 그곳에서 만났다.

지내는 동안 함께 음식도 나눠 먹고 보트를 타고 나가 낚시도 경험했다. 비슷한 또래들을 만나서 매일 바다 수영을 즐기느라 시간 가는 줄 몰랐다.

저물어가는 저녁노을이 점점 바다를 물들이는 시간… 마법 같은 석양!… 사랑하는 가족과 친구들과 함께 애머럴드 색이 붉게 물드는 바다를 바라보며 이런 라이프를 선택할 수 있음에 하나님께 다시 한 번 감사를 드린다.

마국땅 어디까지 밟아 봤니?

아름다운 곳! 이곳에서 지내는 매 순간을 내 기억 속에 저장해 둔다.

어니스트 헤밍웨이 작가는 젊은 25살의 나이에 세계적으로 유명한 작가가 되었고 무려 4번의 결혼을 했다. 보그 잡지 유럽 편집장인 두 번째 부인 폴린 파이퍼와 재혼하고 파리에서 살다가 1928년에 미국에 돌아와 키웨스트에서 자릴 잡았다.

그는 낚시를 즐기며 글도 쓰고 술을 좋아해 즐겨 마셨다고 한다.

헤밍웨이가 살았던 집, 생가를 투어 하는 재미도 쏠쏠하고 헤밍웨이가 사랑했던 다지증 6개의 발가락을 가진 스노우볼 고양이의 후손 50여 마리들을 쉽게 만나볼 수 있다.

헤밍웨이가 이곳 키웨스트에 살고 있었을 때 자기가 사랑했던 아버지의 권총 자살 소식을 접하고 엄청 슬퍼했다고 한다.

훗날 본인 자신도 61세 (불과 62세를 2주 앞두고 자살)의 나이로 신경 쇠약과 우울증에 시달리다 아이다호주 자기 집에서 엽총으로 쏴 스스로의 생을 마감한다.

아버지와 아들이 자살로 생을 마감했다는 게…

또 헤밍웨이의 첫 번째 부인 엘리자베스 해이들리 리처드슨 사이에 둔 아들 잭 헤밍웨이의 딸 즉 어니스트 헤밍웨이의 손녀인 마고 헤밍웨이도 모델과 연예인으로 활동하다 결국 약물 과다 복용으로 자살로 생을 마감하는데 …안타깝다.

헤밍웨이가 두 번째 부인 폴린 파이퍼와 결혼 중에 있던 헤밍웨이는 스페인에서 또 다른 사랑을 만난다. 세 번째 부인 마사 겔혼과 사랑에 빠진 걸 알고 폴린이 괘씸하게 생각해 당시 살고 있던 집에 수영장을 만들었다고 한다.

그 당시 수영장을 만들려면 어마어마한 돈이 들어가는데 훗날 헤밍웨이가 청구서를 받아보고 기겁했다고 한다.

폴린이 복수심으로 헤밍웨이의 돈을 마구마구 탕진했다고 한다.

'여자가 한을 품으면 오뉴월에도 서리가 내린다'란 한국 속담이 있듯이 동서양 여자 다 같다. 여자가 독을 품으면 매섭고 독하다! …

헤밍웨이가 생전에 기른 6개의 발가락이었던 고양이 스노우볼의 후손들을 침실이나 거실, 마당, 수영장 등 가는 곳마다 만날 수 있었다.

실제 6개의 발가락인지 우리 딸들은 호기심에 세어 본다…스노우볼의 후손 맞다!

글을 쓸 때 사용한 타자기도 전시되어 있고 그가 얼마나 낚시를 사랑하였는지 곳곳에 사진이 걸려 있다. 더군다나 실제로 쿠바에 살았던 시절에 지인인 어부의 실제 이야기를 모델로 '노인과 바다' 작품을 썼는데 그곳에 실제 그 노인 얼굴의 그림이 전시되어 있다.

사진 보면 알 수 있듯이 헤밍웨이는 꽹장히 잘 생겼다.

개인적인 내 관점으로 보면 나이 들어서도 꽹장히 멋지다.

키웨스트는 쿠바에서 북쪽으로 약 90마일 떨어진 플로리다의 최남단에 있는 섬이다. 마이애미에서는 113마일인데 쿠바와는 90마일이니 쿠바가 더 가깝다.

서든 모스트 포인트는 줄을 서서 사진을 찍어야 된다.

내가 보기엔 그냥 기둥 같은데 … 상징적이라 그런가? 인기가 있다.

말로이 스퀘어와 듀발 스트리트 등 걸어서 다니며 오래된 빅토리아 시대의 주택들도 구경하고 키웨스트에서 공식 파이가 될 정도로 유명한 키라임 파이와 각종 해산물 요리도 맛볼 수 있어서 좋다. 유명한 바도 곳곳에 있으니 거리 구경이나 바에 들어가 칵테일 한잔하는 것도 좋다.

나의 최애 해물 요리인 랍스타 요리도 먹었는데 태어나서 먹어본 어느 랍스타 요리 보다 이곳 키웨스트의 랍스타 요리는 잊지 못할 정도로 기억에 남는다.

미국땅 어디까지 밟아 봤니?

Part 2. 잊지말라 4Ls 법칙

Live, Laugh, Love, Learn

배우며 늘 웃음을 잃지 말며, 사랑하며 살자!

"Live, Laugh, Love" 시인 베시 앤더슨 스탠리 (Bessie Anderson Stanley 1904)의 "성공 (Success)"에 나온 말로 잘 살고, 자주 웃고, 많이 사랑한 그녀는 성공을 거두었다.

그래서 2000년대 후반과 2010년대 초반에 모티베이션이 되어 동기부여 세 가지 "Live, Laugh, Love"로 미국에서 여러 포스터와 홈 데코에서 엄청 인기 있는 슬로건이 되었던 말이다.

"살며, 웃으며, 사랑하라" 참 멋진 말이다.

시인은 인간관계를 잘 가꾸고, 인간에게 공정하고 정의롭고, 자신의 목표에 대한 인내와 성실함을 갖고, 실패를 받아들이고 열정을 추구 및 노력을 하면 '성공'의 길로 가게 되는 것을 깨우쳐 준다.

누구나 성공을 갈망하지만 누구나 성공하지 않는다.

이 달콤한 말 성공을 이루려면 …

우리가 인생의 궁극적인 보편적인 규칙을 내세우려면 '살기 위해서는 웃음, 사랑을 하며 살아야 한다'라는 의미가 되지 않을까?.

나는 여기에 하나 더 추가하고 싶은 것이 있다. 배움이다! (Learning) 사람들 속에서 나는 늘 배운다. 배워서 아는 것이 많아지면 재미있다. 모르는 걸 알아 가는 게 재미지다.

우리 가족의 슬로건(Slogan)은, 그러니까 우리 집 가훈이라고 하나? 4가지 L인 Live, Laugh, Love, Learn 거기에 우리 가족의 성 레논 L까지…

여행과 모험을 통해 ' 레논 패밀리들이여, 배우며 늘 웃음을 잃지 말며, 사랑하며 살자 (Lennons', don't forget the 4 'L's!)

조지아주 사바나에서 패들 휠 리버 보트 유람선 경험

플로리다주의 곳곳이 여행하던 우리 가족은 허리케인이 곧 상륙할 거라는 소식을 접했다. 우리가 노마드 라이프를 하면서 가장 편리하고 좋은 점은 이동하기 쉽다는 것이다.

베로 비치에서 출발하여 약 5시간을 달리면 조지아주 사바나에 도착한다.

미국 남동부 지역에 있는 사바나는 대서양으로 흐르는 사바나 강을 끼고 발달한 운하 같은 내륙 수도가 발달되었다.

미국에서 로스앤젤레스와 뉴욕, 다음으로 세 번째로 큰 선적항이다.

사바나 리버 근처에는 오래된 건물들이 그대로 보존되어 있는 도시로 영국 식민지 때 18-19세기 때 영국으로 가는 선박이 머무는 항구 도시로 거리는 고풍스럽고 다운타운에서 출발하는 패들 휠 보트 유람선을 타고 강가로 거슬러 올라가며 250여 년 된 유럽풍 건축물 보는 재미도 쏠쏠하다.

유람선에서 점심 식사도 미국 남부 스타일로 뷔페를 즐겨 보는 것도 좋다. 올드 시티 익스체인지 벨도 보고, 미국 내전이었던 남북 전쟁 때 쓰인 대포도 전시되어 있다.

올드 시티 벨은 실제로 암스테르담에서 수입한 종인데 오후 5시가 되면 이 종으로 모든 상점들이 문을 닫는 시간임을 알려왔다고 한다.

사바나 다운타운엔 역사의 흔적들이 곳곳에 있어서 걸어서 구경 다니길 추천한다.

일단 주차비가 비싸고 교통이 혼잡하니 차는 주차를 해 두고 걸어서 구경 다니는 게 편할 것이다.

미국땅 어디까지 밟아 봤니?

남편의 눈이 제일 초롱초롱 할 때가 아마 이런 박물관을 다닐 때이다. 나와 두 딸들은 남자들이나 좋아할 곳에 꼭 가야 하느냐고 내키지 않았다.

그런데 웬걸!!! 어마어마한 군함 크기에 압도되고 너무 멋있어서 깜놀 했다.

나티커스 (Nauticus) 해양 박물관에 정박 중인 'USS 위스콘신 전함 64'는 닉네임으로 올드 위스키 (Old Wisky)라고 불린다.

제 2차 세계 대전 당시 5개의 전투별을 획득한 군함으로 미 해군의 가장 크고 마지막 전함 중 하나이다.

위스콘신 전함은 30번째 주를 기려 명명된 미국 해군의 두 번째 함선이기도 하다.

1944년 완성된 이 전투함은 제2차 세계 대전 동안 태평양 극장에 배치되어 이오지마 전토와 오키나와 전투에 참가했고 일본 본토를 포격했다.

한국 전쟁 동안 위스콘신은 유엔과 남한의 지상 작전을 지원하기 위해 북한 목표물을 포격했고 박살을 냈다고 한다.

그후 버지니아주로 옮겨와 해양 박물관 (Nauticus)에 전시되었다.

다음으로 가볼 곳은 버지니아주에서는 주로 초등학교에서 거의 빠짐없이 현장 학습 체험으로 꼭 가는 곳 '제임스타운'에 가 보기로 했다.

포카혼타스가 디즈니의 애니메이션 영화로 나와 알게 된 인물인데 실제 존재했던 인물이었다는 걸 여기 제임스타운에 가보고서야 알게 되었다.

포카혼타스는 와훈수나콕이라는 추장의 딸로 영국인 담배 재배에 최초로 성공한 사람 존 롤프와 결혼해 런던으로 건너가 유명 인사가 되었다.

포카혼타스는 아메리카 원주민과 영국 정착민들 사이의 평화 관계를 유지시키는데 큰 역할을 했다. 결혼한 지 3년 뒤 아들 토마스 롤프를 출산하고 버지니아주로 귀향하는 배 안에서 원인 모를 병으로 꽃다운 나이 21세에 죽음을 맞는다. 포카혼타스의 매장지는 훗날 화재로 정확한 위치는 모르지만 이곳 제임스타운과 원주민들이 실제로 여기서 살고 있고 잘 보존되고 있다.

카누도 직접 제작하는 법도 원주민들이 실제로 보여주고 직접 만든 수공예 작품들도 전시되어 자세한 설명도 친절하게 해준다.

제임스타운과 영국을 오가던 배 3척도 전시되어 있어서 배에 직접 올라가 실제 크기를 느껴 보는 것도 좋았다.

집 구경 할 때 침대며 생활 공간이 다 작다. 그때 당시 사람들은 좀 아담했나 보다.

그 당시 입었던 의상을 입고 퍼포먼스도 하고 직접 머스킷 총을 쏘는 모습도 보여준다. 대포 소리와도 비슷한 굉음을 들을 수 있다.

미국의 수도 워싱턴 D.C.

워싱턴 디씨는 메릴랜드주와 버지니아주 사이에 위치해 있으며 미국에서 독립된 행정 구역이다. 미국의 초대 대통령 조지 워싱턴의 이름에서 유래된 워싱턴 디씨는 미국의 수도이다.

백악관, 국회 의사당, 링컨 기념관, 워싱턴 기념탑, 베트남 참전 위령비 등 이런 상징적인 곳을 네셔널 몰이라 해서 아이들을 데리고 미국의 앞마당이라 불리는 이 네셔널 몰을 자전거를 렌트해서 둘러보기로 했다.

이날은 6월 초라 화씨 92도(섭씨 33도)가 웃도는 무덥고 꾕장히 습한 날씨였지만 두 딸들과 운동도 될 겸 구석구석 다 볼 욕심으로 부지런히 자전거 페달을 밟았다.

학교 공부만 공부겠냐만 정말 산 공부다. 이건 나에게도 엄청 뜻 깊은 공부이기도 하다.

한국에서 시험공부에 나오는 인물이나 행정부에 대한 시험을 치를 때는 밤새워 달달 외웠었는데 어찌하여 기억에 남는게 하나도 없는지… 나도 직접 눈으로 보고 배우니 지금 만약 시험 치르라 하면 백점? 아니 90점 이상은 맞을 거 같다.

우리는 이곳에서 중요하고 특별한 곳에 꼭 들러야 한다.

그것은 바로 남편의 큰아버지이신 프래드 삼촌의 위령비를 찾아가 보기 위해서다.

우리 시아버지의 형이시자 12형제의 맏이 형이신 프레드 삼촌은 베트남 전쟁에서 전사하셨다. 폭격으로 안타깝게 전역하시기 10일 전에 전사 하셨다.

그래서 베트남 참전 위령비에 새겨진 이름 프레드 레논을 찾기 위해서다.

베트남 참전 용사 기념 벽에는 270만 명 이상의 미국인들이 베트남에서 복무했다. 그리고 5만 8천 명 이상이 전쟁에서 죽었다.

그 위령비에서 우리는 드디어 프레드 레논 (Fred Lennon)의 이름을 찾아냈다.

우리 남편이 사진을 찍어 아버님과 10명의 형제들에게 보내 드렸다. (레논 패밀리의

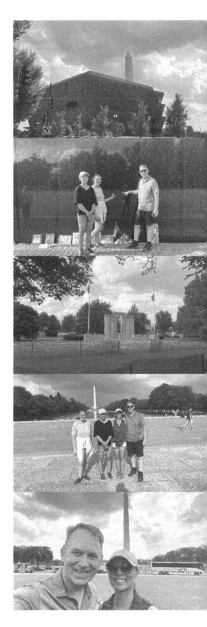

155

미국땅 어디까지 밟아 봤니?

집합 모임의 파워를 곧 다뤄 볼 테니 기대하시라!.)

그러고서 링컨 기념관 앞에 있는 (리플렉팅 풀 Reflrcting Pool) 인공 연못 앞에서 잠시 호흡을 가다듬고 축구장 5개의 길이랑 비슷한 약 1500피트를 자전거로 신나게 달려 주었다. 링컨 대통령 기념비를 다녀와 두 딸들에게 링컨 대통령에 관한 질문을 했는데 그야말로 척 척 박사가 되었다. 이렇듯 여행도 하고 역사 공부도 하는 우리 딸들 은 점점 해박 해지고 있어서 우리 부부는 정말 뿌듯하다.

내생에 가장 슬픈 이별을 알게 해준 펜실베니아주

거리의 이름이 코코아와 초콜릿 에비뉴라 지을 정도로 말만 들어도 달콤한 초콜릿의 본고장 허쉬 마을로 유명한 펜실베니아주의 랭커스터로 출발!!!

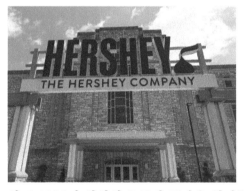

1880년대 랭커스터 펜실베니아에 있는 카라멜 회사에서 시작해 밀튼 허쉬가 1893년 그의 삶을 영원히 바꾼 독일의 초콜릿 만드는 기계를 보았고 1905년 허쉬의 초콜릿 공장을 설립했다.

그때 당시에는 초콜릿 만드는 기술은 베일에 싸여 철저히 비밀리에 부쳐져 있었고 스위스에서 수입해 온 것으로 부자들이나 접할 수 있었다.

하지만 저렴한 가격으로도 달콤한 초콜릿을 접하게 해준 사람이
밀턴 허쉬이다.

허쉬 마을에는 그분이 살아생전에
직원들 복지를 위해 초콜릿 공장 근
처에 직원들이 저렴하게 살수 있는
집을 지었고 가난해서 공부를 못하는
아이들을 위해 학교 '밀턴 허쉬 스쿨'
을 설립했다. 그야말로 밀턴 허쉬 때
문에 허쉬 마을이 유명해졌다고 보면
된다.

허쉬 파크에는 미국 동부에 위치
한 놀이동산 파크로 놀이기구를 타는
것을 좋아하는 사람들에겐 최고다.

허쉬 초콜릿 월드를 안가 볼 수 없
는 곳이다. 그레이트 아메리칸 초콜릿 투어를 하며 초콜릿이 만들어
지는 과정과 포장되는 것까지 투어로 즐기기도 하고 본인이 직접 초
콜릿을 만드는 체험을 통해 자기만의 초콜릿을 만들 수 있다.

큰딸 케일라와 나도 포장 디자인까지 하면서 나만의 개성 있는 초
콜릿을 만들며 흐뭇했다.

우리가 6개월 만에 도착한 곳 허쉬 캠핑장은 이곳에서 지낸 허쉬
마을은 우리 가족이 미국 서부에서 느껴 보지 못한 풍경이 펼쳐지니

까 너무나 색달라서 동부의 매력을 찾아보기 바빴다.

엘에이에서 친한 동생 유리와 딸 메디가 우리를 만나러 2주 동안 펜실베니아주로 놀러 왔다. 미국 동부 펜실베니아의 여름 날씨는 마치 한국의 여름과 아주 흡사하다. 낮에는 후덥지근 하지만 가끔 내리는 폭우가 더위를 식혀준다.

그래도 무더운 날씨지만 온천지가 푸르름의 녹색이 온통 깔려 있고 매미 소리는 거창하며 거대한 옥수수밭이 끝없이 펼쳐져 있다.

여름이라 수영도 함께 즐기고 반딧불도 잡아 유리병에 넣었다가 관찰한 후 풀어 주고 함께 허쉬 초콜릿 월드도 방문했다.

캠핑장에 피크닉 테이블과 파이어핏 (Fire Pit)에 모여서 밤마다 불 멍을 하기도 하고 아이들은 모닥불에 모여 앉아 머쉬멜로를 구워서 허쉬 초콜릿과 함께 크래커 사이에 얹어 먹는 스몰 (S'Mores)을 만들어 먹는다.

우리가 머무는 허쉬 마을 캠핑장에서 함께 잊지 못할 여름날의 추억을 만들었다.

우리 가족이 허쉬 마을에서 3주간 행복한 시간을 보낸 뒤 앞으로 일어날 끔찍한 경험과 내 생애 가장 가슴 아픈 이별을 경험하는 일이 불과 몇 달 후에 닥쳐 올 거라고는 전혀 예상도 못 한 채 …

우리 가족과 엘에이에서 놀러 온 유리와 메디와 6월 말까지 행복한 추억을 쌓는다.

허쉬 파크 캠핑장도 사우전드 트레일 멤버십으로 이용하니까 3주간 지낼 수 있었다.

3주 동안 지내면서 엘에이에서 우리 가족을 방문한 고마운 동생 유리와 메디 모녀를 펜실베니아주 해리스버그 공항 (MDT)로 배웅 나가 떠나보내고 우리는 해리스버그에 사는 남편의 친구 쟌의 집으로 향한다.

왜냐하면 6개월 동안 미국 서부에서 동부까지 열심히 달려와서 캠핑카 점검과 함께 수리가 필요한 것들 몇 가지를 손보기 위해 캠핑 월드 딜러쉽에 맡기기 위해서다.

수리를 위해서는 아무래도 며칠을 우리의 보금자리를 잠시 떠나 있어야 한다. 친구 쟌의 집에서 함께 7월 4일 독립기념일 휴일을 보내며 약 일주일 정도만 신세를 지기로 했다.

친구 쟌의 가족들은 우리 가족이 며칠을 쉬어도 편안하게 지내라고 게스트룸을 비워줬다. 원래 게스트룸이 2개라 우리 아이들도 편안하게 지낼 수 있어서 너무 좋아한다.

쟌의 와이프 세라는 고등학교 선생님이다. 지금은 팬데믹으로 학교가 문을 닫아서 쉬고 있는데 우리 딸들을 보더니 너무나 반가워 했다.

세라는 아이들을 이해하는 정감 있는 말과 따뜻한 눈빛으로 우리 딸들이 금세 존경하게끔 하는 묘한 마력을 가졌다.

미국의 독립 기념일이라 쟌이 불꽃놀이를 하자며 폭죽을 어마어마하게 사들고 왔다.

이곳 동부에서는 가정집에서 폭죽을 터트려도 괜찮다며…(캘리포니아주 우리가 살던 곳은 너무 건조해 불이 자주 일어나니 특정 장소를 제외한 개인 집에서는 폭죽 터트리는 걸 금지한다.)

" OMG!...이 어마어마한 폭죽을 집 앞에서 터트려도 괜찮다고??"

나는 너무 놀라서 쟌과 세라를 번갈아 보며 휘둥그레 커진 내 눈을 의심했다.

우리 가족은 쟌네 가족들과 함께 독립기념일 바베큐를 즐기고 각종 게임과 폭죽을 터트리며 미국의 독립 기념일을 마음껏 축하해 하며 친구들과 잊지 못할 기억을 또 한 번 뇌리 속 깊숙하게 저장한다.

끝없는 옥수수밭이 많이 펼쳐지고 허쉬 마을의 근처에 아미쉬 (Amish) 들이 살고 있어서 아미쉬에 대해 처음 알게 된다.

그들은 독일인의 자손으로 펜실베니아 더치 (Pennsylvania Dutch) 라 한다.

캠핑장 근처에서 아미쉬들의 전통의상을 입고 마차를 타고 여유롭게 지나가는 모습이 낯설어서 남편에게 물어 보니 이다음에 아미쉬들의 전통문화 체험을 하자고 제안한다.

기회가 있어서 나중에 방문을 해서 살짝 아미쉬들의 동네를 다녀와 보긴 했다.

이 무더운 여름에 에어컨도 없이 전통적인 마차를 탄 일가족이 우리 차 옆을 지나가는데 "아 얼마나 더울까?"

남자들은 검은 양복을 갖춰 입고 수염도 기른 채 마차를 몰고 있고 그 옆에는 아미쉬 전통 흰 드레스를 입은 아내와 딸, 아들이 함께 지나간다.

이 도로에 다른 차들은 에어컨 틀고 음악을 들으며 쌩쌩 지나가고 어떤 차는 마차를 추월해 가면서 그들에게 매연까지 뿜어내고 지나가는데 나는 왠지 아미쉬 사람들이 불쌍하게 느껴지는 게 왜 그럴까??

그러나 내가 잘못 생각하는 거다.

이들은 소박하고 전통 방식의 농축산업에 종사를 하며 신앙에 따라 과학을 가르치지 않는다. 그들은 부를 쌓으려 하지 않고 스스로 생계를 이어간다. 그들만의 교육 방법으로 아이들을 가르치며 자기네가 설립한 학교에서만 다니며 교육을 한다.

한국에도 청학동 마을이 있듯이 이곳 미국 동부 펜실베니아에 아미쉬들이 산다.

아미쉬 사람들은 현대 문명의 삶을 거부해 자동차 대신 마차를 타고 타인의 도움 없이 옛날 방식을 고수하여 자급 자족을 한다. 전기 사용 대신 프로판 램프와 냉장고를 작동시켜 사용한다. 그들은 주로 펜실베니아주 더치 카운티에 모여 산다.

이 더치 캠핑장에서 머물 때에도 귀한 인연을 만났다.

미국인 남편 레이랑 한국인 와이프 수지를 이곳 더치 캠핑장에서 만나 너무 반가웠다. 수지 언니도 한국말로 수다 떨 친구를 오랜만에 만나서 너무 좋다고 그날부터 우리는 자주 연락하며 지낸다. 우리처럼 국제결혼 커플인 수지언니는 은퇴한 남편과 함께 부부끼리 단둘이 캠핑카 리빙으로 4년째 여행 중 이시다. 우리보다 연배가 있는 분들이지만 함께 한국 음식도 만들어 나눠 먹기도 하고 골프를 좋아하셔서 함께 골프 치며 우리 가족과 다른 여행지에서 종종 만나서 함께 인연을 이어오고 있다.

그동안 서부에서 동부로 오는 동안 몇 마일을 달려왔는가…우리가 달려온 거리만큼 우리의 캠핑카도 트럭도 재점검도 하면서 펜실베니아 해리스버그에서 지내면서 동부에서 가고 싶었던 곳, 리스트를 작

성해 본다.

　캠핑카 구입을 했던 딜러쉽 ' 캠핑 월드'로 캠핑카를 맡겨두고 쟌 집에서 독립기념일을 축하하며 즐거운 휴일을 잘 보낸 후 딜러쉽에 우리 보금자리를 찾으러 가자!.
　캠핑카 점검이 끝났을 거라 믿고 캠핑 월드로 갔다.

　" 캠핑카 이곳저곳을 테스트를 해본 결과 히치에 연결하는 부분이 뭔가 헐렁해졌고 더 자세한 점검을 해서 원인을 파악해야 합니다."
　" 네? 그럼 어느 정도 시간이 걸리나요?"
　" 이대로 캠핑카를 끌고 다니는 것은 아주 위험합니다"
　" 고칠 수는 있는 거죠?"
　"지금은 팬데믹이라 부품 생산에 제한이 있어 아마도 시간이 걸리 겠는데요?"

"부품을 오더하고 고치려면 대략 어느 정도 시간이 걸릴까요?"

" 부품을 오더 해 오는데 아마도 한 달 정도 걸릴 거 같습니다."

"네? 한 달이나요?"

" 팬데믹이라 배달 차량도 부족하고 부품 공장도 생산 인력 부족으로 시간이 걸립니다"

우리는 생활해야 하는 공간이자 우리의 보금자리인 캠핑카를 딜러쉽에 맡겨두면 한 달이란 시간을 호텔에서 지내던가 해야 한다.

할 수 없이 우리 가족은 중요한 것과 냉장고의 음식들 등을 다 빼야 한다.

한 달씩이나 캠핑카에 남겨두면 썩거나 음식물 쓰레기로 변할 테니까…

우리는 일단 호텔에서 장기 투숙 가능할 곳을 알아봐야 한다.

남편이 친구 쟌에게 염치 불고하고 부탁을 해 볼까? 고민도 한다.

"일단 호텔이나 지낼 곳을 물색해보고 다시 돌아와서 그때 다시 와서 옷가지와 음식들을 챙기러 올게요"

캠핑 월드 해리스버그 딜러쉽에서 나와 우리가 일주일 머물고 있는 친구 쟌 집으로 갔다.

남편의 친구 쟌이 캠핑카는 점검과 수리가 끝났는지 묻는다.

" 캠핑카에 히치 연결 부분에 문제가 있어서 뜯어서 원인 파악하고 헐렁해진 이유와 부품을 교체하려면 한 달 걸린데"

"부품을 오더 하면 그 정도 걸리고 전문가가 직접 덴버에서 출장와서 교체해 줘야 하는 복잡한 상황이 발생했데"

"저런…. 부품은 있는 거고? 요즘 생산 공장들이 문을 닫아 부품 못 구하는 사례도 많다고 들었는데…"

"다행히 부품을 구할 수는 있는데, 그것이 배달되는 데 시간이 걸린다고 하는 거 같아"

"장기 투숙할 호텔을 찾아봐야겠어"

"무슨 소리야 그냥 우리 집에서 더 지내!..

요즘 시기가 시기인지라 장기 투숙을 찾기란 힘들 거야!"

쟌이 우리 가족이 한 달 정도 더 지내도 되니까 편히 게스트룸을 그대로 사용하라고 말한다. 진짜 이런 고마울 수가…

사실 호텔에서 한 달이 걸리는 생활을 하려면 숙식비가 장난 아니게 들 거를 생각하니 그것도 만만치 않을 것이라 고민이 되긴 했었다.

물론 친구 집에 민폐를 끼치는 것이 더더욱 싫은 우리 부부는 그냥 호텔로 가서 지내는 게 나을 거란 생각도 했다. 그러나 호텔 방에서 지내려면 호텔을 드나드는 사람들과 접촉하거나 이상하고 낯선 사람들이 들락날락하는 게 불안해 망설이고 있었다. 쟌과 세라의 고마운 제안으로 우리는 일주일 지내던 게스트룸이 한 달 더 연장으로 지낼 거라 우리 부부 방이랑 아이들 방이랑 정리 정돈을 해둔다. 곧 캠핑 월드로 돌아가 우리의 짐을 챙겨 와 살림살이를 넣어 둬야 한다.

다행히 쟌의 집은 2층 하우스다. 그리고 따로 지하 공간에 레크레이션 룸과 게스트 룸이 있다. 지하라고는 하지만 일층이나 다름이 없다. 오르막에 있는 총 3층인 구조라 사실상 지하가 1층이기 때문이다.

우리 가족이 편하게 지하 층 전부를 쓸 수 있게 배려를 해준 쟌과 세라에게 큰 신세를 지게 되었다.

쟌과 세라는 2남 1녀를 두었지만 큰아들은 결혼해서 분가를 했고 둘째 딸 드네는 대학을 졸업하자마자 팬데믹으로 직장을 잡을 겨를도 없이 백수가 되어 대학원 공부를 하고 있고 막내아들 네이든은 대학생이고 학교는 문을 닫아 안나가지만 아르바이트로 은행에서 근무하니 매일 나간다.

팬데믹이라 해도 은행은 오픈 되어 있어서 네이든 만 출퇴근하고 있었다.

쟌의 가족들의 배려로 지하 일층 전체를 통째로 쓰게 된 우리 가족은 쟌과 세라에게 고마움을 전하고 표한다.

이 집 청소와 연못 청소 그리고 요리나 설거지 등 집안일을 누가 시키지도 않았지만 자처해서 손수 일을 하겠다고 우리 딸들과 무언의 약속을 했다.

그런데 어딘지 모르게 친구 쟌과 내 남편은 왠지 신나 보인다.

주어진 한 달 동안 쟌과 남편이 평소 자기네 일들 중에 컨설팅을 서로 조언해 줄 수 있기도 하고 도움이 되니까 남자들은 왠지 기대에 부풀어 올라 신나 보인다.

친구들끼리 한 달 동안 공모를 해 뭔가 신나는? 무엇을 하려나 보다.

우리 딸들이 지내는 동안 집안일도 돕고 큰 강아지 맥스 산책도 도와주고 함께 지내는 동안 세라와 나도 서로의 요리도 가르쳐 주고 배우고 지내는 동안 새로운 것들을 접할 수 있을 거란 기대감에 흥분 된다.

쟌집에서 지내는 동안 우리는 필라델피아도 방문을 했다. 펜실베니아주에서 역사 유적지로 필라델피아를 안 가고는 미국을 안다고 할 수가 없다.

자유의 종과 독립 선언서와 헌법이 서명된 곳인 독립 기념관인 인디펜던스 홀을 방문해 미국의 역사 공부도 하고 독립 정신이 살아있는 미국의 탄생지에서 도시의 매력도 느껴 봤다. 그리고 한국 음식점도 들어가 오랜만에 포식을 했다.

우리 가족은 쟌과 세라의 집에 지내는 동안에도 가끔 가족끼리 동부 쪽 가고 싶었던 곳들을 여행을 하기도 했다.

나의 버킷 리스트에 있는 나이아가라 폭포도 다녀왔다. 팬데믹 시기인데도 이곳 나이아가라 폭포는 사람이 많다. 캐나다와 뉴욕에서 어느 쪽에서 봐도 훌륭한 장관이지만 팬데믹으로 캐나다 국경은 봉쇄되어 항공으로만 갈 수 있고 국경을 사이에 두고 막혀버린 상태다. 이다음에 팬데믹이 끝나면 캐나다 국경을 넘어가서 나이아가라 폭포를 다시 또 보고 싶다.

죽기 전에 꼭 가봐야 할 명소로 꼽힐 만한 장관임은 분명하다.

쟌과 세라 부부와 함께 해리스버그에서 유명한 잉링 맥주 양조장에도 함께 구경 다녀오고 자주 더블데이트를 즐겼다. 역시 오랜 친구들이라 마음도 잘 맞고 편안하고 특히 쟌과 세라 부부와 우리 부부는 집 뒷마당 파이어핏에 모여 주말이 되면 위스키 한 잔씩 하며 함께 불 멍을 하기도 했다.

지내는 한 달 동안 친구네 집에서 즐거운 추억을 잘 만들었다.

이제는 떠날 채비를 할 때가 왔구나… 우리는 캠핑 월드에 가서 캠핑카 수리가 끝났으려니 생각하고 쟌과 세라 집에서 송별회까지 가졌다.

캠핑 월드 딜러쉽으로 아침에 예약 시간이 되어서 도착한 우리 부부는

어이가 없는 소식을 듣는다.

" 캠핑카 히치 연결 부분을 열어서 봤는데 원인을 몰라서 다른 주에 있는 본사의 전문가가 와 봐야 할 거 같습니다"

" 뭐라고요? 아직도 원인 파악도 안되었다고요?"

"처음 2 주면 될 거란 것이 한 달 더 걸린다고 하더니… 이제 와서 아직 원인도 모른다고요?"

이제쯤은 다 해결되었거니 생각한 우리 가족은 멘붕 상태가 된다.

"그럼 언제까지 기다려야 하나요?"

"전문가가 언제 오는데요?"

"최선을 다해 봐도 최소 4-6주 더 걸릴 거 같습니다. 죄송합니다."

마른하늘에 날벼락이 치는 이런 돌발 상황에 멘붕이 온 우리 부부는 어이가 없어 기가 찼다.

우리 부부는 이제까지 쟌과 세라네 가족의 배려로 너무나 잘 지냈지만 그 집에서 또 4-6주 이상을 머무를 수는 없다.

전문가가 와서 봐야 알 거 같다는 묘한 뤼앙스로 봐선 4-6주도 추측인 거지 확실한 것도 아닌 거 같다.

믿기 힘든 상황이지만 쟌과 세라네 집에서 더 신세를 지고 싶지는 않다.

친구 집에서 신세를 너무 오래 지면 섞은 물고기 냄새가 나듯 더 이상의 신세를 지는 것은 안 될 일이다.

남편과 나는 적당한 폐를 끼치는 것은 괜찮지만 더 이상의 민폐는 원수가 될지도 모른다는 말이 떠올랐다.

미국말에 그런 표현이 있다.

" When you stay with friends for more than three days, like fish, you start to smell."

175

(물고기처럼 친구들과 3일 이상 머물면 냄새가 나기 시작한다.)

썩은 냄새가 날까 봐 더 이상의 신세를 짓는 사태를 막고자 우리는 해리스버그 캠핑 월드 딜러쉽 주변의 호텔을 알아보러 갔다. 일단 장기 투숙할 호텔을 잡은 뒤에 나중에 쟌과 세라에게 이 황당한 소식을 알려 주겠다는 마음에서이다.

다행히 캠핑 월드에서 10분 거리에 콘도같이 장기 투숙 가능한 호텔을 찾았다.

이곳은 요리까지 할 수 있는 호텔이라 우리 가족에게는 다행이다. 호텔비도 만만치 않는데 매일 음식을 사 먹는 것도 지출 면에서 엄청난 비용이 나갈 거라서 호텔 안에서 음식을 해 먹을 수 있는 것은 우리에게 그나마 천만다행인 것이다.

이렇듯 미국에서 뭔가를 고치려면 속이 터지듯 일 처리가 느리다는 점은 한국인 나로선 늘 불만이다.

"한국 같으면 빨리빨리 뭐든지 신속 처리하는데, 으이그!!!, 도대체 미국은 세월아 네월아…한단 말이야!" 성질 급한 나는 볼멘소리를… 하게 된다.

"자기야, 시간은 지체되어도 확실하게 고치는 게 낫지 안 그러면 우리 가족들이 위험해지니까 조금만 더 참아주자!"

긍정적인 남편이 또 나를 진정시킨다.

우리 가족은 그날 호텔을 6주 정도 머물 호텔비까지 지불을 끝낸 뒤 친구 쟌과 세라 집으로 향했다.

챤과 세라도 우리의 결정을 못내 아쉬워하지만 우리 부부의 결정에 따라 준다.

챤과 세라도 우리가 호텔로 가겠다 란 결정을 존중해 줬다.

캠핑 월드 딜러쉽에서 10분 거리에 있으니까 우리는 거의 매일 출근 도장을 찍기로 했다. 호텔에서 아침밥을 먹고 나면 아이들과 함께 컴퓨터와 아이패드를 챙겨서 딜러쉽으로 갔다.

그래서 우리는 휴게실에서 자리를 아예 깔고 아이들은 학교 수업을 하고 우리는 일을 하면서 가끔 서비스 직원들에게 캠핑카 수리에 속도를 내도록 무언의 채찍질을 하기로 했다.

사실 우리가 매일 출근 도장 찍듯이 찾아와 가속 페달을 밟도록 옆에서 챙기지 않았더라면 더욱 시간이 걸렸을 것이다.

그들은 자기들이 해결이 안 되면 수퍼바이저에게 떠넘기듯 문제를 회피하고 있었다.

매니저는 문제 해결하는 데 적극적으로 하기보다는 결제하고 또 다른데 전화를 돌리고 서로 직원들이 떠넘기기를 반복하고 있었다.

'문제가 뭔지를 파악을 못했나?'

우리 남편이 오히려 이리 뛰고 저리 뛰고 답변을 받아내고 기다리기보다는 직접 다른 직원에게 돌아가는 상황을 파악해 수퍼 바이저에게 말해서 다른 조치가 이뤄지도록 간섭했다. 이렇게라도 계속 엑셀을 밟듯이 서비스 직원들에게 가속 페달을 밟으니 일 처리가 빨라지고 있었다.

결국 우리가 가속 엑셀을 밟아 짚어 주니까 (계속 간섭을 해주니까) 일을 해결하고 있다.

목마른 사람이 우물을 파라는 말⋯누가 만들었는지 딱 맞는 말이
다.

9월 5일 우리는 캠핑카 수리가 잘 진행되도록 간섭을 조금 하고
아이들과 함께 도서관에서 컴퓨터를 켜고 일 좀 하다가 저녁이 돼서
호텔로 돌아왔다.

토요일이라 가족들과 호텔에서 상영하는 영화를 보고 있었다.

그런데 한국에서 전화가 온다. 무심결에 아니 이 시간에 웬일이
지?

" 아버지가 응급실로 가던 구급차에서 심폐소생술을 받는 중이
셔!"

한국에서 친정 오빠에게서 전화가 오더니 다급한 소리가 들린다.

"아빠가? 아빠가 왜? 사고 당했어?"

손발이 내 입술이 마구 떨린다⋯.

삼일전에 친정 부모님 댁에 전화했을 때 엄마와 전화 통화할 때에
도 ' 아빠는 너무 건강하셔서 매일 뒷산에 등산을 다니시느라 집에
잘 안 붙어 계신다'라는 말씀을 하셨었다.

코비드 시기에 사람들을 만날 수는 없으니 뒷산에 공기 좋은데 산
책 겸 하이킹을 하시면서 하루 일과를 보내시는 분이시라 건강에 이
상이 없으신 분이다.

오빠가 곧⋯다시 전화 주겠다며⋯기다리라고 말하면서 내게 당부
한다.

엄마에게 아직 말 해선 안된다고…아무도 곁에 없는데 이 소식을 들으면 엄마마저 쓰러지시면 안 된다고 하면서 엄마에겐 알리지 말라고 하면서 전화가 끊어졌다.

너무나 믿기지 않는 소식에 가만히 있을 수가 없어 여동생에게 전화를 걸었다. 여동생도 갑자기 연락받고 양평에서 차를 급히 몰고 서울로 향하는 중이었다.

" 언니? 나도 무슨 상황인지…심장 떨려… 잘 모르겠어….

서울 가서 연락해 줄 테니 기다려…엄마에겐 전화하지 마!"

너무나 숨 막힌다. 가슴이 조여오고 숨쉬기가 힘들다.

호주에 사는 막내 여동생도 놀라서 내게 전화를 걸었다.

" 나도 기다리고 있으니… 막내야 너도 진정하고 기다려봐…"

막내동생도 나도 울며 불며 오빠의 전화를 기다리는 수밖에 없다.

외국에서 사는 나와 막내는 그저 발만 동동 구른다.

남편도 아이들도 놀라서 어쩔 줄을 몰라 우는 나를 꼭 안아주는 것 밖에 ….

조금 지나서 전화벨이 울린다…

" 아빠가 돌아가…셨…어…." 정말 하늘이 무너지는 게… 믿을 수가 없다.

"도대체 왜????"

"심폐소생술을 했는데 숨을 거두셨어"

청천벽력 같은 소식에 내 가슴은 철렁 내려앉고 호흡이 곤란하다.

"너 아빠는 너무나 건강하셔서 돌까지 씹으실 정도로 잘 드시고

179

매일 뒷산에 가신다"라며 불가 3일 전 엄마랑 통화할 때 엄마가 이렇게 말씀하셨던 우리 아빠가 갑자기 왜?...

정신 못 차리고 엉엉 울며 믿기지 않는 소식에 거의 실신 상태인 나를 대신해 남편이 시댁 어른들에게 전화를 걸어 사돈어른이 방금 돌아가셨다 란 소식을 전한다.

나의 아버지는 건강하셔서 그날 돌아가신 날에도 믿기지 않을 정도로 아침을 드시고 뒷산에 산책까지 마치시고 집에 와서 점심을 드신 후 낮잠을 주무시다 호흡이 곤란해지셔서 119구급차를 불렀고…

구급차에 실려 가시다가 응급실에 도착하시기 전 심폐소생술을 하다가 숨을 거두셨다고 한다. 대학로에 살고 있는 오빠가 아빠의 구급차가 도착하기도 전에 서울대 병원에 먼저 와서 있다가 구급차에서 심폐소생술을 하는 걸 보게 되었지만…결국 돌아가셨다…

"자기야 일단 진정하고 비행기 표부터 알아보자" 남편이 항공편을 알아본다. 나는 내일 날이 밝아오면 우선 코로나 테스트를 해서 음성 결과지를 받아야 한다.

그런 후 아버지 장례식 참여 위해 한국 도착 시 격리 면제를 발부 받아야 한다.

이 시기에 어떤 절차를 해야 하는지 몰라 남편은 온라인으로 조사를 하면서 뜬눈으로 날을 지샜다. 나는 펑펑 우느라 눈도 붓고 머리도 아프다.

남편은 코로나 검사해야 하는데 컨디션 나쁘면? 열이 오르면?... 재수 없으면 양성 받을까 걱정해 나 더러 잠을 억지로라도 청해 보라고 한다.

그래 억지로라도 자야 해…그러나 잠을 잘 수가 없다.

코로나-19, 팬데믹으로 유럽이나 아시아, 전 세계가 국경 봉쇄와 제한된 항공길로 한국 가는 길은 너무나 힘들다.

2021년 9월 미국 노동절 휴가로 코로나 검사하는 곳을 찾아 음성이라는 결과지가 필요한데 펜실베니아주 해리스버그의 병원들은 응급실을 제외하고는 다 문을 닫았다. 그래도 4군데나 돌아다니다가 겨우 병원을 찾아내 코로나 음성 확인서를 받을 수 있었다.

동부에서 가는 항공편이 하룻밤이 지나야 있어서 일단 서부 엘에이에서 출발하는 걸로 해서 나는 오후에 엘에이 공항으로 향했다.

겨우 비행기 표도 구해졌고 코로나로 입국 제한과 입국해서 격리 등 많은 절차들이 있어서 일단 나만 한국으로 가기로 했다.

해외 입국자들 모두 한국 입국 시 한국 측이 실행하는 코로나 테스트를 또 해야 한다.

" 헐…도대체 하루 사이에 코로나 검사를 몇 번이나 하는 거야?"

장례식 참석 격리 면제서류 제출과 코로나 음성 결과지를 제출을 했는데도 인천 공항에 입국한 모든 사람들은 공항에서 코로나 검사를 또 받아야 한다. 그래서 검사 후 음성 결과를 받는 동안 인천 공항 찬 바닥에 앉아 8시간 정도 격리되어 있어야만 했다.

아버지 장례식 맞춰서 들어와도 이곳에서 이러저러한 절차로 시간은 흘러가고 만다.

미국에서도 동부에서 서부로 갔는데 서부에서도 코로나 음성 결과지가 다시 필요하다고 제지를 당해 다시 코로나 검사를 하고 음성 결과지를 받느라 비행기를 놓치고 말았다. 엘에이 공항에서 한국 가는 비행기가 다음날에 있기에 나는 다시 동부 조지아주에서 출발하는 비행기를 타야만 했다. 이렇듯 동부에서 서부로 또다시 서부에서 동부로 비행기를 타고 속절없이 시간만 흘러간다.

이렇듯 한국 오는 비행기에 몸을 싣고 와서도 코로나 검사만 3번째씩이나… 하다니…

한국 입국과 동시에 또 다른 절차를 거쳐야만 했고 공항에서 역류된 채 시간이 지나버려 결국 아버지의 장례식에 참여를 못했다.

아빠와 작별 인사도 제대로 못하고 이렇게 힘들게 한국에 들어왔어도 애도의 시간마저 빼앗긴 이 시대의 울분을 어디에다 하소연을 해야 하는 걸까…

장례식도 참석 못했고 유가족들조차도 전체가 모여 식사조차도 못해봤다. 식당 출입을 해도 4인 이상 모일 수가 없다는 거다.

고인이 되신 우리 아빠를 배웅도 못한 이 못난 딸… 아빠 유품을 정리하면서 펑펑 눈물만 난다.

엄마도 아빠가 갑자기 돌아가신 게 믿기지 않으니 자꾸 현관문을 돌아 보신다. 아빠가 금방이라도 문 열고 들어오실 거라는 생각이 들어 현실 부정을 하신다.

태평양을 건너가 떨어져 사는 딸을 늘 그리워하셔서 아빠의 지갑엔 내 사진과 미국인 사위와 두 손녀딸 사진만 넣고 다니셨단다. 가슴이 무너지는 듯 아프다.

난 아빠가 너무나 건강하셨기에 갑자기 떠난 아빠 생각을 하면 뭔가 음모가 있지 않을까… 응급조치 골든타임에 심폐소생술 하시면 살아 나 실수 있는데 뭔가 착오가 있지 않았을까…별별 의심이 들지만 …백신 부작용 아닐까? …이미 때는 늦었다…

갑작스러운 이별을 하게 된 이유도 원인도 불분명하다. 그저 코로나 바이러스로 돌아가신 건 아니라는 것과 코로나 백신 맞으신 지 불과 며칠이 안되었다는 것 밖에 모른다. 이런 애통한 시대가 …원망스럽기만 하다.

나는 격리 면제를 받은 1주 동안 외출을 자제해야 했으니 홀로된 엄마와 큰언니와만 집에서 아빠 사진만 바라보며 아빠를 추모하며 보냈다.

내 생애 가장 슬픈 이별을 했다…아빠…그곳에서 편안히 쉬세요…사랑해요.

1남 4녀인 내 형제들조차 모두 한자리에 모여 식사조차 할 수 없는 이 악몽 같은 시간을 뒤로 하고 나는 미국으로 돌아가야만 했다.

미국으로 돌아온 나는 며칠간 상실감에 잠만 잤다. 울다 지쳐 며칠 동안 잠만 잤다.

캠핑 월드에서 전화가 온다.

" 캠핑카 히치 문제를 해결했고 내일 찾으러 오시면 됩니다"

캠핑 월드 딜러쉽에서 약속한 7주가 되고서야 드디어 문제 해결을 봤단다.

그렇게 7주를 호텔 생활을 마치고 드디어 우리의 바퀴 달린 우리 집 수리를 마쳤다.

애초에 캠핑카 점검과 수리를 맡겨 2주 걸린다던 게 4주, 6주… 더…. 그러더니 결국은 총 14주나 걸렸다.

처음 7주는 친구 쟌의 집에서 보내서 숙식비를 많이 절약할 수 있었지만, 그다음 7주의 호텔 생활 비용은 만만치 않았다.

2021년 여름을 펜실베니아주에서 허쉬 마을에서 보낸 3주 외 해리스버그에서 14주나 보냈다.

3개월이나 보낸 펜실베니아주는 내게 달콤한 기억도 있지만 내 생애 가장 슬픈 이별을 알게 해준 곳이기도 하다.

캠핑카의 우리 보금자리를 다시 찾은 우리는 더치 마을에 있는 캠핑장으로 옮겨 그동안 살림살이 재 정돈을 하기 위해 며칠 더 지낸 후 또다시 여행을 떠나기로 한다.

캠핑카 수리비와 호텔비 등은 보험 회사에서 정산해 훗날 어느 정도 되찾아 나중에 상환 받겠지만 현재로는 우리의 비상금으로 해결해야만 했다.

예상치 못한 비용이 들기는 했지만 다행히 우리 가족의 안전에 문제니 아주 잘 해결된 점을 감사하게 생각한다.

레논 패밀리의 뿌리를 찾아 떠난 아이오와주 수 시티 여행

남편의 부모님이 태어나고 자란 곳 아이오와주 수 시티를 드디어 왔다. 이곳에는 남편의 조부모가 12형제를 낳고 길렀으며 프레드 피자 레스토랑 원조가 있는 수 시티이다.

아직도 남편의 할아버지 할머니가 운영하시던 엘 프레드 피자 레스토랑을 11번째 마크 삼촌이 전통을 이어오고 계신다.

시아버지의 형제들 중 여기 수 시티에는 고모 한 분과 두 분의 삼촌이 이곳에 살고 계신다.

나머지 형제 분들은 미국 전 지역에 분포되어 살고 계신다.

우리 가족은 반갑게 맞이해주시는 삼촌과 고모님 댁에 초대되어 매일매일 가족 소모임을 가졌다.

시할아버지의 묘에도 가 보고 남편의 부모님이 다니던 학교며 태어난 동네 등등을 구경을 했고 남편의 사촌들 친척들도 만나니 4-5년마다 패밀리 리유니언(가족 모임)에서 가끔 보던 때 보다 훨씬 가까워졌다.

이곳에서 남편의 제일 큰 삼촌 프레드 레논 50여 년 전 베트남 전투에서 전사하신 삼촌의 모습을 바위에 그려 논 큰 바위가 있다는 곳에도 가봤다. 영광스러웠다.

이렇듯 가을 문턱에서 겨울을 만나며 수 시티에서 3주를 보내고 다음 여행지인 마운틴 러쉬모어로 잘 알려진 사우스 타코타주로 여행을 떠난다.

내비게이션도 무작정 믿으면 안 된다

얼마 전에 뉴스에 나온 내용이다. (2023.06.02) '사람 잡는 내비게이션…안내 따라갔는데 잇단 바다 추락'이란 내용의 뉴스였다.

내비게이션이 설마 바다로 안내할 일이 없을 거라 믿었던 하와이 여행객은 결국 바다에 빠졌다.

불가 며칠 전에 물에 빠져 겨우 구조됐다는 뉴스를 접하고도 이런 일이 누구에게나 생길 수도 있다 란 생각도 안 했다.

캠핑카로 다닐 때는 제일 긴장되는 게 차가 많은 도심길, 시골의 좁은 길, 오르막 내리막이 심한 산길, 등 항상 안전 운전에 신경을 곤두선다.

다행히 남편이 주로 운전을 하는데, 만약을 대비해 나도 운전할 수 있어야 하니까 큰맘 먹고 연습을 해서 캠핑카 견인을 해봤다.

그래도 교통 체증이 심한 복잡한 도심지에서나 산 길이 구불구불, 내리막 오르막 심하면 긴장돼서 온몸에 식은땀이 난다.

다행히 그런 곳을 피해 캠핑카가 다니기 쉬운 길 안내하는 내비게이션 앱도 일 년에 사용료 조금 내면 캠핑카가 다니기 쉬운 길을 알려 준다.

그런데 내비게이션도 무작정 믿으면 안 된다는 걸 경험을 했다.

여행지는 거의 처음 가는 곳이 대부분이라 그 지역에 대해 미리 조사를 했다 해도 내비게이션이 알려주는 길을 갈 수밖에 없다.

사우스 타코타주를 여행 중이었다. 구글 맵이 분명 알려 준 대로 내비게이션을 믿고 달려갔다.

"여기가 어디지?"

"뭐야? 지금쯤이면 도착하고도 남았는데? 왜 산으로 계속 오르막을 달리라고 하지?"

"그러게?" 우리는 뭔가 이상 함을 느꼈다.

"알비어 프랜들리 다른 내비게이션도 다른 길로 가라는데?"

수상함을 뛰어넘어 이젠 전화도 안 터지는 산으로 안내하더니 어정쩡한 길에서 도착했다는 안내를 한다.

"도착했다는데?? 아무것도 없어?"

" 캠핑장이 아니라 산 중턱쯤? 좁은 산길이잖아?"

"전화도 안 터지는데?"

남편은 초조하고 불안해하는 나와 아이들이 걱정하는 걸 안심 시키려고 말한다.

"걱정하지마! 내가 이런 경우를 대비해 무전기도 챙겨서 다니잖아, 그리고 종이로 된 지도책과 나침판도 있어! …걱정 마! "

역시 남편은 든든하다. 준비성도 강하고 절대로 흥분하고 호들갑 떠는 스타일이 아니라 상당히 이성적인 남자다.

그러는 반면 나는 몹시 흥분쟁이에다 성격이 무지 급해서 참는 걸 잘 못한다.

"뭐야!!!, 내비게이션이 미쳤나 봐!" 짜증이 스멀스멀 올라온다.

"아니 이런 검증도 안된 내비게이션을 50불씩이나 사용료를 받고 세상에 내놓으면 어떻게 해?" 목소리도 점점 높아지고 열받는다.

"지도 맵 만든 회사에 컴플레인 해야 해! 확 고소해버려야 해!!!"

난 괜스레 구글 맵 회사를 탓하고 남을 탓하는 버릇이 튀어나와 버렸다.

남편과 내가 다른 점은 나는 불평불만으로 남의 탓으로 돌릴 때가 많았다.

그러나 남편은 불평불만을 늘어낼 게 아니라 해결점을 찾거나 적극적으로 문제를 고치려고 노력하는 편이다.

"컴 다운(Calm Down)! 자기야, 누구 탓하는 것은 에너지 낭비야! 짜증 내면 더 스트레스 받고 비건설적인 나쁜 에너지가 나와, 자기 성격만 더 나빠져"

차분히 흥분을 가라앉히라고 내게 말한다.

"알았어, 진정해 볼게"

나는 숨을 깊이 들어 마신 후 내쉬어 본다.

"자 그럼 종이 지도책을 펴서 우리가 어디쯤 있는지 찾아볼까?"

다행히 남편은 지도 볼 줄도 알고 예기치 않은 상황이나 위험에도 침착하게 대처한다.

"세상일이 항상 계획한 대로만 되지 않듯이, 예상치 못한 일을 생겨도 침착하게 문제 해결하려고 해야지"

"지도상 저쪽 산을 내려가면 작은 마을이 나온데" 조곤조곤 내게 설명한다.

" 우리 그 마을 가서 좀 쉬면서 길을 물어보자"

"전화도 거기 내려가면 터질 거니까 캠핑장에 도착 좀 늦는다고 알려주자"

나는 남편을 만나 결혼하고 난 후에 욱! 하고 다혈질적인 성격이 많이 변했고 인내심이 좀 생겼다 고 나 할까? 아무튼 많이 바뀌었다.

남편은 매사에 긍정적인 마인드를 가진 편으로 이미 일어난 일에 집착 보다는 문제 해결에 더 고민의 초점을 두는 편이라 미래 지향적이다. 그래서 내가 많이 의지하고 존경한다 내 남편을!...

지도를 보고 갈 곳을 정한 후 지도를 따라 무사히 산 길을 찾아 내려왔다.

작은 마을에 안전하게 도착하니 안도의 숨이 쉬어졌다.

그래… 호랑이한테 잡혀가도 정신만 바짝 차리면 된다는 걸 잊지 말자. 아…그리고 내비게이션도 너무 믿지 말고!

사우스 타코타주의 러쉬모어 산과 크레이지 호스 여행

미국 역사상 가장 상징적인 대통령들을 웅장하게 조각으로 묘사한 러쉬모어 산! 미국에서 누구나 인정할 만한 업적을 세운 역대 최고의 대통령들의 얼굴을 조각가

'존 거천 보글럼' 작가가 시작해 14년에 걸쳐 만들었다.

블랙힐즈에 있는 러쉬모어 마운틴은 사우스 타코타주의 자랑이자 자주 헐리웃 영화 속의 배경으로 등장한다.

내가 어렸을 적 한국에서 주말에는 '명화 극장'이라는 티브이 영화를 틀어 줬었다.

영화 시작할 때 도입 부분에 이 조각상들이 보였고 늘 내 아버지와 형제들이 모여서 함께 영화를 봤었다. 실제로 저런 조각상이 산 바위에 있다면 꼭 가 보고 싶었다.

성인이 되어 내 가족들과 함께 그때 해 보고 싶었던 소망을 드디어 이루어 본다.

아이들에게나 나에게도 미국 역사 공부를 통해 이 화강암 산 바위

의 대통령들의 얼굴의 주인공이 누군지 퀴즈를 냈다. 물론 다 맞추면

상금도 주어진다.

그동안 역사 방문지마다 기억 한 것들을 퀴즈로 내면 아이들도 정답을 맞히기 위해 눈이 반짝반짝했는데 이젠 나도 한몫한다.

조지 워싱턴, 토마스 제퍼슨, 시어도어 루즈벨트, 애브라함 링컨 이렇게 4대의 대통령들의 얼굴을 조각 되어 있다.

나도 십 대 때 배운 것들을 중년의 나이가 돼서 새로 배우고 기억해 내고 도전한다.

물론 똑 소리 나는 케일라와 케이시가 맞췄다. 나는 한 명이 안 떠올라 실패했다.

산이라서 겨울이 빨리 찾아왔나 보다. 산책길을 따라 러쉬모어 산을 오르면서 눈이 쌓여 있는 게 보인다. 아마도 얼마 전에 눈이 왔었나? 아무튼 겨울이 다시 찾아와서 우리가 이 캠핑카 타고 미국 대륙

횡단 여행이 일 년이 거의 다 되었다 란 의미다.

블랙 힐즈에 또 다른 명소 크레이지 호스에도 산을 깎아 조각상이 있는데 색깔이 러쉬모어 산의 조각상이랑 차원이 다르다.
크레이지 호스는 19세기 오갈라 밴드의 라코타 전쟁에서 승리를 이끈 족장으로 전설적인 영웅이었다.
' 크레이지 호스 '란 말 그대로 ' 그의 말은 미쳤다 '란 뜻으로 그는 미친 군마처럼 매우 용감했던 영웅이다. 그는 아메리카 원주민 영토에서 백인 정착민들의 침략에 맞서 싸우고 라코타족의 전통적인 삶의 방식을 보존하기 위해 미국 연방 정부에 대항하여 무기를 들었다.

처음에 ' 코르챠크 지올코프스키' 라는 조각가가 시작했다.
조각상은 1948년에 한 사람이 시작해서 후손들이 계속 조각상을 작업을 하고 75년이나 계속해 진행 중에 있다.

1939년 코르챠크는 사우스 타코타 주로 와서 라코타 인디언 추장 헨리 스텐딩 베어를 만나 코르챠크에게 이 프로젝트를 요청을 해 인디언에게도 위대한 영웅들이 있다는 것을 백인들에게 알리고 싶어서 부탁을 했다고 한다.

미국 정부가 인디언 탄압에 대한 미안함에 조각상의 제작 비용을 지원해 주겠다고 했으나 코르챠크는 미국 정부에 대한 저항 정신을 기리기 위해 미국의 지원을 받아들이지 않았다. 그래서 지금도 경비 일체를 개인 기부금과 입장료나 기념품 판매수익으로 프로젝트를 진행하고 있어서 지금까지 75년이 지나도 느리게 진행되고 있는 것이다. 그러나 그들의 정신은 후손들에게 본받을 것이다.

세 가지로 진행 중인 이 프로젝트는 산을 조각하는것과 인디언 박물관 설립, 그리고 북아메리카 인디언들을 위한 대학교 설립의 목적으로 2010년부터 시작해 반경 15마일 이내에서 작업을 꾸준히 하며 천둥이 치지 않는 한 여름 내내 일을 진행하고 있으나 우리가 방문할 때는 팬데믹으로 하이킹이 허락되지 않았다.

아주 오래된 버스를 타고 가이드의 설명을 들으며 조각상 근처에서 설명을 들었다.

컴퓨터 3D로 스캔을 해 완성된 산의 1/300 축소 모형에서 대략 완성된 모습을 추측할 수 있었다.

' 아마도 수십 년이 지나고 다시 오게 될 때 그때는 완성이 되어 있을까?'

내가 늙어서 다시 찾아오면 그땐 거의 완성 단계에 있지 않을까?

그런 생각을 해보며 멀리서 나마 크레이지 호스의 모습을 구경을 하고 인디언 박물관에 들러 전시관을 둘러봤다.

콜로라도주 덴버의 위험천만과 천만다행 한 끗 차이

사우스 타코타주에서 와요밍주를 잇는 아주 깡 시골길을 달려 달려 콜로라도주까지 세 개의 주를 넘나든 하루…

내가 늘 느끼지만 미국은 정말 광대하게 넓다! 가도 가도 끝이 과연 나올까? 의심이 들 정도다.

아침에 출발해 해가 지기 전까지 도착하는 게 목적이다.

덴버에 사시는 막내 삼촌이랑 간발의 차이로 못 만나게 될지도 모른다.

왜냐면 테리 삼촌이 내일 새벽에 와이프 로렌과 오레곤에 사시는 장모님 뵈러 떠나기 때문에 우리를 만날 시간이 없기 때문이다. 막내 테리 삼촌은 시아버지의 12형제 중 막내인데 우리 남편과 5살 차이밖에 안 나기 때문에 어릴 때 같이 자라서 마치 삼촌이 아니라 형님 같은 존재라 엄청 친하고 가까웠단다. 그래서 우리는 체리 크릭 주립 공원에 오후에 캠핑장에 도착해 서둘러 셋업을 마치고 테리 삼촌과 로렌 숙모 집으로 저녁 식사를 하러 가기로 한다.

197

체리 크릭 캠핑장은 주립 공원 치고는 너무 깨끗하고 시설도 좋게 관리가 잘되어 있었다.

하루에 25-50불 미만으로 풀 훅업 할 수 있다.

날씨가 환상인데다 가을의 끝자락이라 온통 황금빛으로 물들어져 있어 너무나 아름답다. 우리는 후다닥 셋 업을 마치고 테리 삼촌 집으로 고고고…

내일 새벽에 오레곤으로 떠나니까 간단한 피자를 시켜서 먹고 와인 한 잔씩 하면서 잠시나마 인사를 나눌 수 있었다.

로키산맥 기슭에 있는 덴버는 고도가 높아서 겨울에는 굉장히 추운 도시로 알려져 있지만 기온은 그다지 낮지 않아서 낮에는 따뜻한 바람이 불어와 가을 날씨같이 푸근하다가도 저녁에 갑자기 최저로 떨어져 금세라도 눈이 내릴 기세의 날씨가 되는 이상기후가 은근 많이 일어난다.

덴버에는 시아버지의 형제 중 다섯째 케티 고모 외에 여덟째 찰리 삼촌, 아홉째 마이크 삼촌, 열 번째 켈리 삼촌, 열 두번째 테리 삼촌

등등 이렇게나 많이 살고 있으며, 삼촌이나 고모들의 자녀이자 남편의 사촌 형제들이 제일 많이 살고 있는 곳이기도 하다. 그래서 친척들이 제일 많이 밀집해서 모여 사시나? 아무튼 골프 치기에 아주 좋은 환경이기도 하며 유명한 스키장도 많아 각종 겨울 스포츠를 즐길 수 있는 곳이다.

이곳 덴버에는 아름다운 산도 많고 캠핑장도 많아 늘 자연을 접할 수 있고 호수도 많아서 낚시도 하고 하이킹하는 트레일러도 아주 많다.

이 콜로라도의 로키산맥의 아름다운 자연의 위대함이 느껴지며 코비드 시기 전 몇 년 전에 세계에서 가장 높은 산 중 하나인 로키 산에서 패밀리 리유니언인 가족 모임을 가진 곳이었다.

그래서 나의 기억 속의 로키 산의 기억과 덴버는 노래 가사말에 나오는 ' 저 푸른 초원 위에~~ 그림 같은 집을 짓고~~ 사랑하는 우리 님과…. 한 평생 살고 싶네~!' 그냥 저절로 콧노래가 나오게 하는

199

그런 곳이다.

아마도 내가 중년 줌마라 그런가? 옛 노래가 떠올리게 하는데 아무튼 겨울 빼고 모든 게 최고로 살기 좋을 거 같다 란 생각이 드는 곳이다.

그래서 한때는 이곳에 한인들도 많이 살고 친척들도 많이 사는 곳이라 이주를 고민해 본적도 있었지만 겨울에 폭설이 내리는 이상 기온을 감당할 자신이 없어서 관두었다.

우리가 지내는 체리 크릭 캠핑장에서 가까운 곳에 한인 마트가 있어서 오랜만에 한국 음식도 잔뜩 쟁여 놓을 수도 있어서 너무나 행복했다. 이곳에서 켈리 삼촌 집에서 할로윈 파티를 가족끼리만 했는데도 거의 40여 명이 모였다.

우리가 캘리포니아주를 떠나기로 마음먹었던 그 10월의 마지막 밤을 기억하며 1년 만에 콜로라도주 덴버에서 친척들과 즐거운 파티에 행복한 시간을 즐기며 팬데믹 시기에 캘리포니아에서는 이런 게 가능케나 할까? 하는 생각도 든다만…

우리의 캠핑카 생활로 노마드 라이프이기에 가능한 이 순간을 기억하며 축하하며 즐거운 가족 모임이었다.

이제 슬슬 따듯한 곳 플로리다로 다시 돌아가야 될 거 같다. 이런 생각에 아쉽지만 친척들과 내년 여름에 있을 패밀리 리유니언이 열리는 오코 보지 호수에서 만나자는 인사를 나눈 후 우리는 덴버를 떠나 텍사스주로 떠나기로 했다.

덴버를 떠나온 지 한 시간쯤 달리고 있는데 갑자기 쎄한 느낌!

순간 픽업트럭으로 견인해서 딸려오는 캠핑카의 바퀴가 터졌음을 직시하게 되었다.

주행 중인 데다 캠핑카를 끌고 있는 트럭에서는 아무런 느낌을 못 느꼈을 수도 있으나 나와 남편과 뭔가 쎄한 느낌 들었고 백미러를 유심히 관찰하는데…이거 웬일! 금세 캠핑카의 타이어 펑크가 나서 쉿 소리가 들리는 것이다.

남편은 비상 경고등을 켠 후 조심스럽게 오른쪽 갓길로 차를 세우는데 브레이크를 밟지 않고 엑셀에서 천천히 발을 떼면서 캠핑카와 트럭의 속도를 줄여 나갔다.

그것은 바퀴 구동력이 불균형을 일으켜 자칫 잘못하면 엄청난 무게의 캠핑카가 전복되면서 그 캠핑카를 끌고 있는 픽업트럭에 있는 우리 가족의 생명이 달려 있기 때문에 남편은 아주 신중하게 갓길에다 조심조심 세웠다.

갓길에 세우고 캠핑카를 찬찬히 살피는데 오른쪽 고무 타이어 4개 중 2개는 휠까지 갈려 무너졌고 나머지 2개의 고무 타이어는 갈기갈기 찢어졌다.

비상등을 켜 두고 일단 픽업트럭에서 캠핑카의 연결을 풀고 트럭을 후진하여 캠핑카 뒤에다 세웠다.

다행히 아침에 9시에

출발해 10시 반 정도 밖에 안되어 덴버에서 아주 많이 벗어난 거 같지는 않다.

일단 보험사에 전화를 걸어서 사고를 알리고 견인 차량을 알아보는데…

팬데믹이라 견인 회사를 섭외 하기란 너무 시간이 많이 걸린다. 더군다나 캠핑카를 견인해야 하니 이 엄청난 무게를 실을 견인차는 보통 견인차로는 엄두를 못 낸다.

수퍼 무게를 감당할 수 있는 수퍼 파워의 힘 있는 차량이 필요한데, 요즘 팬데믹 시기에 그런 견인차를 구하기란, 그런 운전기사를 구하기란…정말 하늘에 별 따기이다.

보험회사도 사건 담당자가 이리저리 알아보겠다고 해도 수퍼 견인 차량을 구하지 못해 끙끙거리는데 도저히 앉아서 기다리지 못하겠던 남편이 개인 수퍼 견인 회사라도 알아봐 직접 전화를 걸어 보고 있다. 자그마치 3시간이나 기다려도 보험사가 해결 못해 수퍼견인 차량 섭외를 못한 일을 남편이 또 해낸다.

몇 달 전 여름에 펜실베니아주에서 어처구니 없이 3개월의 시간을 허비했지 않았던가? 목마른 사람이 우물을 파라고 했잖는가? 이번에도 우리 남편이 해결한다.

남편이 보험 회사가 못 구한 견인차량 섭외를, 남편이 해결해서 한 시간이 지난 후에 드디어 기다리던 수퍼 견인차가 도착했다.

아침 10시 반에 사고 터지고 오후 4시 즈음

에 드디어 견인차량이 와 준거다.

우리가 견인차량 연결할 때 길 위의 천사? 도 만났다. 아침에 출근하면서 우리 차량을 발견했고 퇴근길에 우릴 또 발견해 안타까운 마음이 들었나 보다. 도움의 손길을 뻗어준 고마운 사람을 만난다. 이런 사람은 길 위의 천사가 아닐까? 싶다. 이 고마운 사람은 7개의 트럭을 소유하고 견인차 회사를 운영하는 사람이라 우리를 도와주려고 나섰다.

아무래도 이런 사고 난 걸 많이 접하니 그냥 지나치지 않고 전문가이다 보니 우리 남편보다 수퍼 견인차에 싣는 작업을 능숙하게 도와주었다.

우리는 이런 고마운 사람에게 고마운 사례를 하고 싶어서 백 불짜리를 잘 접어서 우리 명함과 함께 그의 운전석에 몰래 나뒀다. 날이 저물면서 점점 기온이 떨어져 눈도 살짝 내리는데 한 시간 넘게 우릴 도와준 고마움을 이렇게나마 표현하고 싶었다.

혹시 우리가 남긴 명함과 작은 정성을 못 보고 지나칠까 봐 떠나기 전 남편이 그분에게 꼭 와이프와 함께 식사라도 하시라고 우리 명함을 차에 두엇노라 일러 주었다.

이렇게 일상에서 우리와 만나는 사람들 중에 하나님이 숨어 있음을 깨닫는다. 하나님께서 우리에게 보내주신 하나님의 사람이 길 위에 천사 바로 이런 사람이 아닐까? 생각해 본다.

우리 가족은 수퍼 견인 차량에 실려 떠나는 우리의 캠핑카를 뒤따라 가며 오늘 아침 타이어 터진 7시간 지난 후가 되어서야 다시 덴버로 되돌아가고 있다.

우리 캠핑카를 싣고 가는 수퍼 견인차량의 뒤꽁무니를 따라 덴버에 도착한 우리 가족은 하루 종일 먹은 거라곤 내가 준비한 간식 밖에 못 먹었다. 허기진 우리 가족은 한국 바베큐 집을 찾아냈다. 무한정 고기를 꿔 먹고 하루 종일 허기졌던 배에 기름기를 싹 칠해 주리라!

그런 후 호텔에 가서 뜨끈뜨끈한 욕조 물에 몸을 녹여 주리라…

다음날 캠핑카를 덴버 캠핑 월드에서 타이어와 휠을 교체하려면 얼마나 걸릴지 알아보았는데 1주 정도 걸린다고 한다. 이번에는 1주 동안 지내는 동안 친척 집에서도 보낼까 했는데 지난 기억이 떠오른다.

' 캠핑 월드 딜러쉽 서비스 직원들은 일 처리 하는 게 느리다 ' 란 것과 ' 목마른 사람이 우물을 파야 한다 ' 라는 게 떠올랐다.

사고 원인은 갑자기 기온이 바뀌어서 타이어 공기압 편차가 심하게 나서 타이어가 터진 거 같다며, 우리가 사고 난 그 지역에서 사고가 빈번히 일어나는 곳이라고 한다.

그래도 천만다행인 것이 주행 중에 우리가 타고 있던 트럭의 타이어가 터지면 금방 알 수 있지만 끌려오는 캠핑카의 바퀴가 터지는 경우는 대게 견인을 끌고 가는 차 안에서는 모르고 달릴 수가 있다.

그런 경우는 정말 위험해 캠핑카의 휠까지 녹아내려 무게를 견디지 못하는 캠핑카가 전복되는 경우가 있는데 그렇게 되면 대형 사고가 될 뻔했을지도 모른다.

정말로 위험천만의 사고, 아슬아슬한 사고가 아닐 수 없다.

1주일 정도 걸린다고 하면 캠핑 월드 근처 호텔에서 지내면서 매일 딜러쉽에 출근도장 찍어서 이 사람들을 쪼아야 한다. 그래야 우리는 덴버에서 폭설이 내려 발목이 잡히는 그런 불상사를 피할 수 있다. 하루빨리 우리 가족은 추운 곳을 피해 따뜻한 지방으로 가야만 한다.

그래서 우리는 또다시 호텔 생활을 하기로 했다. 그래도 얼마나 다행인지 타이어 교체와 휠을 구하는데 10일 정도 소요됐고 다행히 우리는 호텔에서 10일 정도 끝에 다시 길을 떠날 수 있었다. 참고로 이런 급작스러운 사고를 대비해 비상금이 꼭 있어야 한다. 우리가 수퍼 견인 차량을 섭외해 견인비로 2천 불 이상 (한국 돈 250만 원) 비용이 들었다. 다행히 우리가 지불한 호텔비와 견인비는 며칠 후 보험회사에서 상환해 주었다.

Rose and Thorn Game (장미와 가시 게임)

우리 가족이 자주 하는 '로즈 앤 톤 (장미와 가시) 게임'으로 한 달에 한두 번 정도 이 게임을 통해 항상 가족 대화의 시간을 가진다.

로즈 (장미)의 뜻은 그날 있었던 일 중 기분이 좋았던 일이고 톤 (가시)는 그날 하루 일이 안 풀렸던 일, 짜증 나는 일을 한 가지씩 말하는 거다. 그래서 우리 가족은 저녁 식사 시간 또는 자기 전에 이 게임으로 대화를 나눈다.

4인 가족이 한 명씩 차례대로 말하고 난 뒤에 한 가지 더 추가로 우리 가족들이 하는 게 있다.

예를 들면 가족들이 내가 고쳐 줬으면 하는 것 두 가지를 말한다.

나를 제외한 가족 3명이 내가 이러이러한 점을 고쳐주면 좋겠

미국땅 어디까지 밟아 봤니?

다는 바램을 말한다.

　그런 다음 마무리 게임으로 가족들이 돌아가면서 나의 좋은 장점 및 사랑하는 점 두 가지를 말해 준다.

　나의 장점 또는 사랑하는 점을 그대로 변치 말기를 바라는 마음에서 꼭 말해 준다.

　그러면서 서로의 대화를 존중함은 물론 적극적인 경청을 통해 자기의 생각과 감정을 부드럽게 표현함으로써, 본인이 고칠 점은 고치려고 노력하고 자신의 이런 점이 가족 한 명 한 명이 좋아해 주고 사랑하는 점이구나 느끼는 것이다.

　이 게임은 정말 부모와 자녀와의 소통법으로 확실히 효과가 있다. 가끔 자매들끼리 사소한 말다툼이 있기도 할 때는 우리 부모는 되도록 개입을 하지 않고 이 장미와 가시 게임을 통해 대화로 요령 있게 중재를 하려고 노력한다.

　이를 통해 다른 사람을 이해하고 자기 자신을 정확하게 파악할 기회도 가지고 가족 구성으로 서의 친밀한 관계가 형성된다.

　이제는 두 딸아이가 가족의 대화 시간을 요청하면서 자연스럽게 이 게임을 한다. 그리고 지금까지도 이 게임을 통해 우리는 더욱 가까워지고 계속 나은 사람으로 성장해 나아간다.

　더욱 나아가 우리 아이들이 성인이 되기 위한 건강한 인간관계의 형성에 도움이 되고 남을 이해하고 배려할 줄 아는 어른이 되길 바라는 부모의 바람이다.

지난 2018년 아픈 기억을 아무렇지 않게 되기까지 그것을 회복하는 시간은 저절로 오지 않는다. 우리 막내딸이 베이비 시터에게 성추행을 당했던 그 기억을 어쩌면, 완전히 없어지게 하기는 힘들지도 모른다.

그때 당시 우리 딸은 어른들이나 조부모에게조차 허그(포옹)를 하지 않았다.

어른이 아이에게 했던 나쁜 행동이 떠올라서 그랬었다.

다행히 심리 치료와 가족 모두 테라피에 동참에 함께 치유에 힘쓴 덕에 대인 기피증과 공포 증세 뭐 이런 심각한 증세는 없음에 감사하다.

그때 우리 아이는 겨우 11살이었는데 몇 년 동안 우리 딸아이는 헐렁한 티셔츠에 어두운 색깔의 옷만, 바지만 입었었다. 한창 멋을 내는 십 대들과 다르게 어두운 색깔에 몸을 들어내는 옷을 전혀 입지 않았었다.

그러나 이제 한시름 놓은 게 우리 딸아이들이 변했다. 이제는 밝고 유머러스하고 남을 잘 이해하고 배려 있는 사람이 되었다.

부모랑 신체 접촉이나 허그나 자기 전에 늘 하던 뽀뽀조차 거부를 했었는데 지금은 엄마 아빠랑 허그며 자주 키스 공세까지 퍼붓는다.

아이들이 장미와 가시 소통법으로 끊임없이 대화하고 변화되어 너무 기쁘다.

막내딸 케이시는 언니 케일라 보다 키가 추월해 마치 모델들 같이 키가 크다.

엄마인 내가 자기 보다 키가 아담하다고 엄마에게 가끔 괴롭히기? 를 한다.

내가 간지럼을 잘 타서 옆구리를 살짝만 손을 대도 자지러지게 웃는 게 재밌나 보다.

내 겨드랑이와 옆구리를 자주 공격하는 불링 (bullying) 을 한다. 딸의 공격에 나는 늘 수비 자세를 취한다.

허그를 하려고 딸내미가 다가오면 수비 태세로 긴장하면, 우리 막내딸은 그런 엄마에게 장난치는 걸 행복해한다. 내 딸이 행복해하는 모습을 보고 싶어서 나는 가끔 과하게 반격 태세로 바뀌어 나도 딸을 간지럽히려고 안간힘을 쓴다. 그러나 간지럼을 안타는 우리 딸이 일부러 웃어 준다.

이런 작은 놀이가 막내딸과 내가 친구 같은 유대감, 바운딩 (bonding)이 만들어진다. 큰딸 케일라는 언니답다. 어려서부터 같은 방에서 같이 자라서 결속 력이 좋고 우애도 좋다. 동생을 못 지켜줬다는 죄책감이 과잉보 호로 변한 건지는 모르나 동생 이 가는 곳 어디든 함께 하려고 노력한다.

지금 캠핑카 벙크 베드에서

미국땅 어디까지 밟아 봤니?

는 덩치들이 커져서 불편할 것인 데도 서로 의견을 잘 조정하고 타협하는 법을 서로 터득해 언니 동생이라기 보다 친구 같은 베프가 되었다. 두 딸아이가 특별한 결속력에 바운딩이 잘 형성됨도 우리 부모와의 관계도 장미와 가시, 가족 간의 대화에서 만들어졌음은 분명하다.

인생은 짧은 여행과 같으니 매 순간을 즐겨

내가 입버릇처럼 자주 말하는 게 '나중에 란 없어!'이다. 왜냐하면 지금 안 하면 나중에 미루다가 흐지부지할 때가 있고 결국 까먹거나 포기해 버리고 안 하게 되는 수가 많다.

그래서 ' 지금 생각난 즉시… 행동으로 옮기자! ' 가 내 신조다.

" Life is short. Do stuff that matters." (인생은 짧다. 중요한 일을 하라)

이 말은 ' 가장 중요한 일, 자신에게 가장 중요한 사람에게 최선을 다하고 살자.'라는 의미가 담겨 있다.

그래서 생각해 본다. 우리 인간들은 영원히 살 것처럼 하지만 누구나 죽음을 맞는다.

그래서 모든 순간을 존중하여 시간을 허비하며 살지 않기 위해 내게 주어진 인생 중, 사랑하는 사람을 사랑하고 행복함을 느끼는 그 순간의 소중함을 알고 최선을 다하라는 것이다.

" It is only a short trip, enjoy it." (그것은 단지 짧은 여행일
뿐이다, 즐겨라)

인생은 짧은 여행과 같으니 매 순간을 즐기라고 말한다. 내가 가
장 좋아하는 말이다.

나는 지난 2년 반 넘은 시간을 되돌아본다. 우리 가족이 엘에이를
떠나 캠핑카를 타고 미국 대륙 횡단을 하면서 가족들이 함께 보고 배
우고 느끼고 때로는 어려움이 많은 문제에 직면했을 때도 가족 모두
가 잘 뚫고 지혜롭게 잘 보내고 있다.

시간이 지남에 따라 그 문제는 사라지고 걱정이 사라지는 과정에
가족이 함께 울고 웃고 우리 가족은 더욱 가까 와졌다.

우리 부부가 한창 사춘기에 접어든 두 딸들을 데리고 이렇게 여행
하며 노마드 라이프를 선택한 지금은 부지런히 우리 딸들이 성인이
되어 독립하기 전에 함께 좋은 추억을 만들고 싶어서이다.

남편과 내가 더 나이가 들어서 이런 여행을 하겠다고 하면 어쩌면
힘이 부쳐서 시작도 못할지도 모를 일이다.

위기를 기회로 삼아 변화를 시도하니까 직접 보고 느끼며 아는 만
큼 보이는 거다.

내가 새로운 지역에서 새로운 문화를 접할 때, 그 지역에 대해 보
이는 게 다는 아님을 알게 되고, 남들이나 뉴스에서 전달되는 주입식
소식을 그대로 믿지 않게 된다.

내가 직접 눈으로 보고 경험하고 내 시선으로 올바르게 해석할 수

있는 관찰력이 생긴다.

요즘 미국은 심각한 경기 침체가 점점 악화될 거라는 전망이다. 이것은 전문가들이 아니어도 피부로 느낀다.

점점 물가는 상승하고 살기 힘들어진 사람들은 허리띠를 졸라매고 있다.

나는 앞으로 6개월 또는 1년 내에 미국 경제 침체는 반드시 올 거 같다고 본다.

아니 확률적으로 높아지고 있다.

우리 가족은 지속되는 미국의 경제 침체 불안과 정치적으로 사회적으로 안정을 찾을 때까지는 이런 노마드 라이프를 진행하려고 한다.

앞서 언급했듯이 우리 아이들이 정착하길 원하면 그때 바로 우리 부부는 그게 어느 주가 될지는 모르지만 그때 정착을 할 것이다.

그러나 아이들이나 우리 부부가 지치지 않는 한 미국 일주는 계속할 것이다.

50개 주 중 이제 43개 주를 돌아 봤고 7 개의 주를 앞으로 더 여행하면서 노마드 라이프를 즐길 것이다.

나의 쿨 한 시월드 레논 가족 모임 플렉스

　　미국에서는 플렉스 (Flex)란 슬랭(Slang속어)으로 머슬 맨들이 근
육을 구부려 힘자랑할 때 쓰는 말로 쓰였는데 요즘 사람들이 자신의
재산이나 재능, 외모 등 과시하거나 자랑을할 때 '플렉스 하다'라는
말을 쓴다.

나는 나의 시월드를 플렉스 해 보려고 한다.

나는 비틀즈의 존 레논의 먼 친척쯤 될까? 그 레논 집안의 며느리로 시집와 현재 19년째 접어들었다.

레논 패밀리 리유니언 (Lennon Family Reunion) 대 가족들 모임이 약 4-5년마다 열리는 레넌 가족 모임에 대해 말해 보겠다.

나의 시댁 식구들 즉 레논 패밀리들이 한번 모이면 리조트나 호텔을 통째로 빌려야 할 정도로 엄청 식구가 많다.

더군다나 시월드란 말은 남편의 가족들을 나타내는 말로 약간의 네가티브한, 부정적 의미가 들어 있는데 나의 해석은 좀 다르다.

바다와 같이 어마어마하게 넓고 크다는 의미를 지녔다고 나 나름대로 해석해 본다. 즉…시월드 (Sea World 바다 세계-놀이동산이 아닌) 같은 뜻으로 표현하고 싶어서이다.

우리 시아버지의 형제가 10남 2녀로 총 12명인데다 나의 시어머니가 3명이다.

아니 엑스(Ex) 시어머니 2명에 현재 시어머니 1명이다.

남편을 낳아 주신 친어머니 일레인 시어머니, 남편의 청소년기에 길러 주신 엑스 시어머니 린다 어머니, 그리고 지금 현 시어머니 이브 시엄마 …이렇게 총 3명이다.

현 시어머니는 내가 결혼하면서부터 (시아버지와 11살 차이로 젊으신 분이라서) 시엄마라고 불렀고 그냥 편하게 '이브 맘'이라고 부른다. 미국 사람들은 한국처럼 존칭을 쓰는 말보다 주로 이름을 부르거나 유 (You)라 표현하니까 처음에 시부모님들을 부를 때 아예 시아버지 이름 부르기도 뭐해서 그냥 아버지라 불렀다. 처음에 결혼해서 뭐라 부를지 애매모호해서 호칭을 빼고 어물쩍하니까 시아버지가 이름 '댄'이라고 부르라고 하시더라. 도저히 이름 부르는 게 어색해서 그냥 남편이 부르는 대로 대드 (Dad 아버지)라 불렀다.

남편이 어릴 때 시부모님의 이혼으로 아버지는 캘리포니아주로 이주하셔서 살고 시어머니는 뉴멕시코로 이주해서 살았다. 홀로 된 어머니를 따라 뉴멕시코 살다가 중학교 다닐 때 캘리포니아주에 사시는 아버지 집에서 새어머니와 함께 살았다.

그러다가 본인의 선택으로 친어머니가 계시는 뉴멕시코로 되돌아가 고등학교까지 마쳤고 다시 대학과 군대는 캘리포니아주로 옮겨와 거기서 주로 살았다.

워싱턴 디씨 여행 때 잠시 언급했듯이 시아버지의 제일 큰 형님 프레드 삼촌은 월남전에서 전사하셔서 그 밑 바로 동생인 내 시아버지가 맏형이 되셨다.

시아버지 밑으로 남동생 8명과 여동생 2명이 있다. 그리고 우리 시아버지와 일레인 어머니와 결혼하셔서 댄 형과 내 남편 롸벗이 연년생으로 태어났다.

남편의 형님도 슬하에 아들만 셋, 우리 남편만 딸 둘이다. 여기 레논 패밀리들 중에 여아가 귀하다. 한국에서 남아 선호 사상이었는데 우리 레논 가에서는 여아가 귀한 터 우리 케일라와 케이시는 귀여움과 사랑을 한 몸에 받는 편이다.

나는 아들 한 명에 딸만 넷인 집에서 태어났다. 옛날에 우리 집에서도 남아를 선호했으니 딸 넷을 낳았다고 내 엄마도 구박 꽤나 받았다고 들었었다.

그런 한국이, 우리 집안이… 나는 자랄 때 불만이 많았는데 참 아이러니하다.

이렇게 두 아들을 낳은 일레인 어머니와의 결혼 생활이 오래가지 못했다.

남편의 친어머니와 아버지는 고등학교 다닐 때 아이가 생겨 너무 이른 나이에 아이가 생겨 결혼을 했고 대학을 다니는 시아버지와 집에서 두 아이 독박 육아 생활을 했던 어머니가 지친 탓에, 내 남편이 태어나 4살 때 부모님이 이혼을 하셨다.

시아버지와 두 번째 부인 린다 어머니와는 비지니스 파트너로 지내시다가 재혼하셔서 거의 20년을 같이 결혼 생활하셨다가 또 이혼하셨다.

그러고 지금은 현재 와이프이신 이브 어머니와 결혼하셔서 20여 년을 넘게 잘 살고 계신다.

한국에서는 상견례 때 예비 사돈들과 결혼할 자녀들이 식사하면서 인사를 하는데 미국에서는 결혼식 전날 웨딩 리허설 디너를 진행한다. 시부모님들과 내 친정 부모님이 식사를 하는 자리에서 우리 친정 엄마가 너무 놀라셨던 점이 어떻게 미국 사람들은 '전 처들과 저렇게 사이좋게 나란히 밥도 먹고 대화를 할까?' 라는 것이다.

한국에서는 아주 보기 드문 현상이거나 우리 부모님 세대는 상상조차 안 가는?... 이해가 안 되는 그런 장면이다. 정말 쿨(Cool) 한 시월드다!

남편의 친어머니를 비롯한 전처와 현재 와이프가 너무나 다정하게 안부를 묻고 시아버지와도 친구처럼 대하시는 그런 장면은 리허설 디너가 이뤄지는 내내 우리 친정 부모님들은 신기해하셨다.

너무나도 자연스러운 시댁 어른들 대화 속에서 얼떨떨해하는 내 친정 부모님과 한국인 며느리를 활짝 웃으시며 두 팔 벌려 포옹해 주셨다.

레논 패밀리 리유니언이 있었던 작년 7월, 바로 일년 전에 미국 아이오아주 오코 보지 호수에서 모임을 가졌다. 레논 가족 모임은 코비드 사태 때문에 약 6년 만에 모였다.

우리 시부모님들이 태어난 곳인 홈 타운 아이오아주에 있는 오코 보지 호수의 리조트에서 여름휴가 차 레논 가족 모임을 개최해 가족들이 한자리에 모여 즐겼다.

이렇게 코비드 사태 때문에 늦어진 이 가족 모임은 시아버지 형제분들과 그 자녀들, 그리고 그 자녀들이 결혼들을 해서 아이들이 있어, 각자 가족들이 다 모이니 대략 100여 명이 모였다.

6년 전에 콜로라도주 로키 산에서 모임 때는 거의 약 200여 명쯤? …모였는데 작년 모임은 아무래도 팬데믹 여파로 여행이 그전보다 자유롭지 못한 관계로 절반 정도만 모였다.

남편의 사촌들만 모아도 수십 명이고 그 사촌들이 결혼해 낳은 케일라와 케이시의 사촌들만도 엄청난 숫자다. 정말로 어마어마한 가족 모임이지 않는가! 이래서 나의 시월드는 플렉스 할 만하다…

작년에 모인 오코 보지 호수는 미국인들에게도 가장 아름다운 호수로 손꼽힌다.

대 가족이다 보니 리조트를 전세 내다시피 장악하니 리조트 측은 층 전체를 레논 가족들에게 렌트를 해줬다.

며칠 동안 대가족들이 모이면 이벤트 및 각종 게임 등 다양하게 계획을 짜야 한다. 그래서 몇몇 사촌들은 매년 행사 담당 계획팀이 있을 정도다.

시아버지 형제들은 아이오와주 수시티에서 태어나 자라나고 성인이 돼서 미국 각주로 퍼져 나가 미국 전국 어디를 가더라도 남편의 사촌이 지천에 깔렸다.

이렇게 레논 가족 모임은 4박 5일 동안 모여서 워터파크에서도 즐기고 보트를 타고 호수에 나가 낚시도 하고, 골프, 각종 게임으로 모임을 성공적으로 가진 후 몇몇 사촌들은 끼리끼리 모여 다른 지역에서 연장으로 휴가를 보내기도 한다.

우리 가족도 이곳 오코 보지의 호수를 더 즐기고 싶어서 며칠을 더 캠핑장에서 보내면서 다음 여행지를 어디로 갈지 스케줄을 짠다.

미국 전국 50개주 대륙 횡단하며 내 발자국 찍고 다니기

그동안 우리 가족이 미국 전체 50개 주중에 지금까지 43개 주를 다니는 중이다.

요즘은 남편의 프로젝트가 플로리다주에 많이 미팅 할 사람들이 이 지역에 있는 편이라 여름을 플로리다에서 보낼 거 같다. 항상 겨울에만 플로리다에 있어 보고 이번 여름을 보내는 거는 처음인데 매일 소나기에 천둥 번개를 동반하는 무더위가 연속이다.

그래도 처음 맞이하는 여름의 플로리다주를 마이애미와 올랜도, 베로 비치 등을 돌아다니며 열심히 노마드 라이프를 실행하고 있다.

이곳에서 남편이 하고 있는 단기 프로젝트가 끝나면 그때 길을 떠날 것이다.

　우리 가족이 여행 다니며 제일 기억에 남았던 와요밍주의 엘로스톤 국립공원, 캘리포니아주 세쿼야 국립공원, 타호 호수, 모로 락, 허스트 케슬, 몬터레이 베이…등
　테네시주의 네쉬빌, 아이오와주, 알래바마주 등등…기억에 남는 많은 곳을 일일이 다 나열 할 수는 없지만 그동안의 여행 기록과 유튜브 채널을 통해 우리의 여행과 모험담을 남겨 두었는데 그것을 기록한 이유가 있다.

　참고로 유튜브 채널 링크는
　https://youtube.com/@LennonAdventures

사실 나와 남편은 우리 딸들에게 물질적으로 풍요롭게 살게 해 주거나 그렇다고 물려줄 재산을 모아두진 않았다.

그렇지만 우리 딸들에게 줄 수 있는 최고의 선물이 무엇일까? 생각을 해 봤다.

돈도 재산도 명예도 아니다. 우리 아이들에게 많은 경험과 여행을 통해 만나는 일상과 사람들, 그리고 평생 앞으로 살아가면서 갖춰야 할 인성, 훌륭한 인격이야말로 나와 남편이 우리 딸들에게 물려줄 수 있는 최고의 유산이 아닐까 생각한다.

우리 아이들이 앞으로 성장하는 과정 중에도 어떤 문제, 시련도 겪겠지만 반드시 두려움과 고통을 참고 견딜 수 있는 용기를 잃지 말라는 것이다.

그러다 보면 지혜롭게 이기고 다시 도전할 수 있는 사람으로 남을 배려할 줄 아는 사람, 훌륭한 인품을 가진 사람으로 잘 성장해 주길 바라는 마음 뿐이다.

우리가 캠핑카 여행을 시작하는 2021년 1월 5일부터 현재 2023년 여름을 보내는 중이다. 거의 2년 반 이상을 여행을 하고 있는 것이다.

그동안의 여행지를 영상으로 남겨둔 것이 우리의 추억이며 재산이다.

함께 해서 좋았던, 행복하다고 느꼈던 기분들을 기억하겠지… 하면서 말이다.

그리고 앞으로도 우리 딸들과 더 많이 보고 느끼고 경험하며 4가지의 L (Live, Laugh, Love, Learning) 을 기억 가며 살아가는 것이다.

이다음에 내가 나이가 들어 이 세상을 떠나도 우리 아이들에게 남을 중요한 추억들을 오늘도 앞으로도 남기기 위함이다.

"마지막에 우리가 가진 것은 우리가 만든 추억뿐이다."
(At the end, all we have is the memories we have made.)